Research on the Relationship between
China's Pension Insurance
System and Finance

于环 著

我国基本养老保险制度与财政关系研究

Pension Insurance

社会科学文献出版社
SOCIAL SCIENCES ACADEMIC PRESS (CHINA)

摘　要

　　当前我国基本养老保险制度已经进入关键发展期，特别值得注意的是，近年来，当养老保险制度扩面速度放缓时，养老保险收支缺口立刻出现，也就意味着，当制度进入平稳发展期时，财政补贴不可或缺，养老保险必须依赖财政而存在。2018 年，随着中央调剂金制度的执行，财政补贴养老金的趋势有所减缓，但财政补贴城镇企业养老保险和机关事业单位养老保险（补贴部分不包括公务员基本养老保险缴费和公务员职业年金缴费）的总额依然很高。对于这种情况，我们应当有所作为，一方面调整财政补贴养老保险制度的方式，使得养老保险财政补贴规律化，并适度拉开财政和养老保险之间的距离；另一方面要对养老保险制度进行改革，加强制度本身的独立性，降低对财政的依赖程度。本文从基本养老保险和财政的本质出发，反思养老保险制度与财政之间的关系，找出二者关系中存在的问题，并提出相关建议。

　　首先，本文从基本养老保险和财政这两个基本概念出发，还原二者本身的属性，其中，基本养老保险属于保险制度，又具有福利性质，这就要求基本养老保险在运行中首先要遵循保险原则，而福利性要求国家和政府的扶持，财政补贴就是其中重要的扶持方式。在财政方面，财政属于公共财政，它首先应当满足公共产品纯度较高的支出，通过分析得知，养老保险并非完全意义上的公共产品，它具有较强的私人产品属性，因此，财政要适当保持与基本养老保险之间的距离，但从外部性的角度出发，基本养老保险制度又具有公共产品的性质，财政补贴必不可少，如何处理二者之间的关系，成为本文关注的重点。

其次，本文在分析世界主要国家公共养老保险与财政之间关系的基础上，反思我国基本养老保险制度与财政之间的关系。根据不同的养老保险模式和实践划分不同的养老保险——财政关系，并分析在不同的养老保险模式和财政关系中财政补贴的广度与深度。当然，财政与养老保险之间的关系并非一成不变的，财政大规模补贴公共养老保险是历史发展的结果。从一开始财政补贴养老保险时的谨慎与小心，到第二次世界大战时财政大规模的补贴，再到20世纪八九十年代以来各国改革养老保险从而拉开财政与养老保险之间的距离，财政和养老保险之间经历了疏远到密切再到理性拉开距离的过程。在这个过程中，经济和人口因素是决定财政与养老保险之间关系的基础因素，经济繁荣以及年轻化的人口年龄结构为养老保险制度提供了物质基础，但随着经济的波动以及人口老龄化程度的加深，若依旧延续之前的制度结构，则势必需要财政来弥补费基减少的部分。此外，制度结构是决定养老保险和财政之间距离的关键因素，通常来讲，基金积累制养老保险与财政的距离较远，而现收现付制养老金与财政的关系较为密切。

再次，本文对中国养老保险制度和财政的关系进行了反思。从我国养老保险和财政之间关系的变迁看，其主要经历了三个阶段：传统劳动保险模式下养老保险制度与财政统一；新型制度探索时期养老保险制度中的财政缺位；新型养老保险制度中财政的兜底式补贴。这种财政补贴方式无论是对财政来说还是对养老保险制度来说都是不利的。从财政的角度看，财政的公共产品属性决定了它不能过多地投入到作为准公共产品的养老保险制度中，但从当前的制度运行看，养老保险财政补贴的压力过大，财政在养老保险方面的未来支出预期不明显，影响财政支出结构的稳定。从养老保险方面看，过多的财政补贴影响制度的独立性和自我平衡性，不利于其保险特征的发挥，并且过多的养老保险财政支出将会影响财政在其他养老保障支柱方面的支出。当然，造成这种财政补贴方式的原因有很多，其一，制度改革期的路径依赖是历史原因，始于"三年改革攻坚"的财政补贴模式奠定了后来财政补贴的基础；其二，财政未能有效区分应对养老保险的历史债务和现实债务，巨大隐性债务的存在导致财政补贴增加；其三，养老保险制度结构有利于财政投入，如统筹层次低，待遇和缴费之间联系较弱，制度收入能力低，缺乏长期预算平衡，等等。

最后，本文在上述分析的基础上，提出了理顺公共养老保险和财政之间关系的建议。如调整财政补贴模式，由"被动兜底"改为"主动补贴"；在有效区分历史债务和现实债务的基础上确定新的财政补贴模式；调整养老保险制度结构，等等。

理顺基本养老保险和财政之间的关系是制度发展的需要，也是时代发展的需要。养老保险和财政之间应当保持理性距离，政府应当对养老保险制度承担有限责任，并保持基本养老保险制度的独立性。2015年中央经济工作会议提出，养老保险改革必须要完善个人账户和坚持精算平衡。这也就意味着当前社会经济改革要求养老保险制度与之相配套，并建立起具有中国特色的养老保障体系。

【关键词】养老保险制度　基本养老保险　财政补贴　财政补贴模式

目　　录

第一章

绪论

第一节　选题背景

近年来，养老保险一直是我国关注的焦点，相关的新闻和讨论很多，如建立多支柱的养老保障体系、延迟退休年龄等，从根本上讲，上述讨论都可以归结到基本养老保险制度的财务问题以及基金收支和缺口上。相关部门数据显示，在 2017 年，我国有些省份城镇职工养老保险制度出现"穿底"现象，在剔除财政补贴后，制度征缴收入不足以应对制度支出，且基金累计结余呈现负增长趋势。不仅如此，从 2011 年和 2012 年开始，全国制度的当期结余率和累计结余可支付月数开始下滑，这也就意味着我国养老保险制度快速扩面阶段基本结束，进一步扩面工作十分困难，以往那种依靠扩面来弥补支付缺口的做法难以进行下去。与养老保险支付压力伴随的是财政补贴养老保险支出持续扩大，2003~2014 年，在我国养老保险制度收入中，财政补贴占基金收入的比重基本维持在 13%~15% 之间，但从 2015 年开始，这一比重开始达到 16.1%，到 2016 年更是高达 18.6%。一方面是制度缺口不断扩大，另一方面是财政补贴不断扩大，也就是说我国养老保险应对缺口的主要做法是扩大财政补贴。毫无疑问，如果继续维持当前养老保险制度模式，随着人口老龄化程度不断加深，财政面临的压力将会越来越大。

我们再看看国外的情况，一些国家的养老金制度亦是面临沉重的支付压力。希腊一向是以其慷慨的养老金制度著称，但其也给财政带来了不可估量的补贴压力。2002 年希腊公共养老金支出占 GDP 的比重为 12.6%，比欧盟 15 国平均值高出 2.2 个百分点。据预测，2050 年该指标将上升到 24.8%，比欧盟 15 国平均值高出 11.5 个百分点。2008 年，希腊财政对养老金的各项补贴总计为 151.70 亿欧元，占养老金支出的 52.19%，相当于 GDP 的 6.34%。希腊政府财政赤字中，大约 50% 是由养老金补贴引起的①，在经济缓行趋势下，继续增加财政对养老金制度补贴显然是不可持续的。除此之外，其他国家养老金改革也通常存在与财政压力密不可分的情况，如养老金财政压力一向较小的美国。有一项最新研究显示，当前美国养老金体系面临的资金缺口为 3.4 万亿美元，使得包括密歇根州的底特律和加利福尼亚州的圣贝纳迪诺在内的多个城市申请破产，当前各州和市级政府在养老保险方面的补贴占政府收入的 7.3%，若想弥补缺口，这一比重需要提高到 17.5%，对于一些缺口严重的地区，这一比例至少应该是 20%②。

根据以上数据我们可以发现，对于养老保险制度来说，财政已经成为"灭火器"，在某种意义上，养老保险不能离开财政而独自存活，这是一个很危险的信号。对于财政来说亦是如此，一方面，庞大的养老保险财政支出对于其他支出会产生挤出效应，如美国各州市为了弥补养老金缺口不得不削减其他支出；另一方面，养老保险不同于普惠性质的非缴费型养老金，它属于缴费型制度，仅仅向缴费群体提供，且待遇水平与缴费水平密切相关，多缴多得，如果在该领域投入过多的公共财政，则意味着财政的公共产品属性遭到削弱，不利于公平和二次分配。

第二节　文献综述

一　养老保险融资的相关研究

养老保险制度的核心在于养老保险基金，基金的筹集、运营和支付情

---

① 孙守纪：《希腊主权债务危机背景下的社保改革》，载《中国地质大学学报》（社会科学版）2012 年第 3 期，第 111 页。

② 新华社：《美面临 3.4 万亿美元养老金缺口对政府构成财政压力》，http://www.xinhuanet.com/world/2016-04/12/c_ 128884184.htm，2016 年 4 月 12 日。

况都将影响养老保险制度的可持续发展。在养老保险基金筹集发放过程中，基金的收支平衡是决定养老金能否长期持续发展的关键。养老保险融资方式也决定了财政在多大程度上补贴养老保险，决定了养老保险与财政之间的关系和距离。

根据养老保险基金的不同平衡方式，养老保险的融资模式可分为两种：现收现付制和基金积累制。作为养老保险制度主要的两种融资模式，现收现付制和基金积累制之间的争论起源于 1974 年费尔德斯坦提出的现收现付制可能会降低国民储蓄率的观点，此后，一场关于现收现付制和基金积累制孰优孰劣的讨论由此展开，特别是当世界范围内 DB 型现收现付制养老金制度遭遇危机以及 1981 年智利养老金私有化改革以来，这种讨论就更加激烈。

1. 国外学者对于现收现付制和基金积累制的争论

随着制度规模的不断扩大，养老金的作用不再仅仅局限在老年人生活保障方面，而是与一国的储蓄、经济增长、劳动力市场等方面更加密切的联系起来，特别是在人口老龄化不断加深的背景下，哪种制度模式更能够应对老龄化带来的风险成为学者们关注的焦点。

第一，两种融资模式对个人储蓄和经济增长的影响。

现收现付型养老金为人们提供了一种支付承诺，使得人们的储蓄意愿下降，因而成为以 Feldstein（1974）为代表的经济学家的关注焦点，他们认为现收现付制将减少个人储蓄，而基金积累制将增加个人储蓄并促进经济增长。该观点在 20 世纪 70 年代新自由主义理论开始盛行时受到了大家的关注，特别是智利模式的部分成功更是对这种观点起到了推波助澜的作用。但仍有学者在现收现付制对储蓄的影响方面提出了不同的看法，并认为现收现付制对个人储蓄的影响是中性的。Barro（1974）认为，"遗产动机"的存在，使得当期就业的子女可以用其父母的遗产来抵消他们因缴纳社会保障费（税）而出现的收入下降，因此他们的预算约束就不会发生变化；这对于子女的下一代亦是如此，各代人的消费和储蓄意愿都不会因为社会保障缴费而受到影响，结果也会导致整个社会的个人储蓄总量不会受到任何影响，因此，社会保障制度对个人储蓄的作用是中性的。Lainter（1979）对 Barro 的理论进行了扩展，他指出，当父母的遗产动机无法实现时，特别是对于一些低收入家庭来说，他们根本没有能力为子女提供遗产，在这种情况下，他们可能选择增加储蓄来抵御不测，但社会保障制度的存在又使这种动机减弱，因此，在不存在遗产动机的情况下，社会保障对储蓄的影响是负面的。

随着对基金积累制不同观点的增加，学者开始以一种更加理性的观点去审视这个问题。Barr（2000）认为，基金积累导致经济增长至少需要 3个条件：a. 基金积累转化为储蓄增长；b. 在制度转型期，基金积累能否转化为储蓄；c. 储蓄能否转化为经济增长。在实际运行中，a 条件完全可以通过自愿储蓄完成，对于 b 条件，养老金改革面临的巨大转型成本使得这一条件的实现显得极为艰难。对于 c 条件，储蓄能否转化为投资，这在许多国家已被证明是不可行的。不仅如此，在一些转型国家和发展中国家，储蓄和增长的关系则更加复杂：这些国家的投资市场常常面临高风险并且产出较低，而这正是基金管理者们不愿意面临的现象。

第二，两种融资模式应对人口结构变化的争论。

世界银行（1998）在对现收现付制进行研究的基础上指出，现收现付制属于代际转移支付模式，随着老龄化的不断加深，在不能随意提高社会保险费的前提下，政府财政负担将日益加重，从而导致财政赤字膨胀，进而引发养老金支付危机。Prescott 认为[①]，在劳动供给弹性很大的情况下，现收现付制的缴费性质决定了它不可能具有较强的边际因素，也就是说，随着人口老龄化程度的不断加深，养老金的支付困难将越来越大，但这种资金缺口不能通过提高缴费率来弥补。因为在现收现付制下，对于个人来说，增加社会保险缴费并不意味着提高收入，因此，面对人口老龄化带来的养老金支付压力，现收现付制显得无能为力。

Barr（2000）认为，在人口问题上认为基金积累制比现收现付制安全是一种合成谬误（the fallacy of composition）。他认为，养老金制度的作用是在时间上转移消费，这对于个人是可行的，但是放在整个社会来说，这并不一定可行。从根本上来讲，养老金领取者消费的是下一代劳动者生产的社会产品而非养老金，也就是说，养老金制度仅仅是一种将社会产品在

---

① 转引自郑秉文：《普雷斯科特的社会保障理论》，《中国社会保障》2005 年第 2 期。

劳动者和养老金领取者之间进行分配的方法，而这种方法采取的是现收现付制还是基金积累制，这在人口老龄化背景下是没有区别的。社会产品的生产才是最重要的变量，只要劳动力减少引起了产品产量的下降，那么无论采取何种融资方式，都不会解决人口老龄化带来的问题。

第三，两种融资模式对劳动力市场的影响。

World Bank（1994）认为，在现收现付制条件下，人口老龄化程度的加深将使制度赡养比不断提高，从而导致年轻一代的缴费率上升，这也使得企业需要支付的工资成本增加，从而降低企业对劳动力的需求。此外，Feldstein（1974）的"退休效应"也认为，现收现付制引诱人们提前退休，其结果便是劳动力供给的减少，而通过引入基金积累制，使提前退休可领取的养老金减少、成本增加，来自动调节个人劳动的供给。

如果现收现付型制度中养老金缴费和收益之间的关系很弱，那么年轻的劳动者更倾向于将缴费看作劳动税，进而将逃避缴纳甚至减少工作时间，最显著的一个表现便是提前退休。这种情况如果发生在劳工控制能力以及谈判能力较弱的国家，将会使得大量劳动者转移至非正规部门，从而对一个国家的劳动生产力产生极大的伤害，而如果这种情况发生在这两种能力较强的国家，由于全球化趋势的加强，技术水平较高的劳动力将会转移到那些劳动税负水平低的国家，这也将会损害国家的劳动市场体系。但值得注意的是，上述提到的对劳动力市场的影响并不仅仅局限于现收现付型制度，如果积累型制度的管理成本高或者运营收益差，这同样意味着是一种隐形的劳动税（Robert Holzmann，2000）。Barr（2000）认为，养老金对劳动力市场的影响在更大程度上取决于制度设计和构成，而非筹资模式，养老金设计——无论是公共的还是私人的——都能够对劳动力供给产生深刻的影响，应该在更广的福利最大化的框架下看待这个问题：虽然DB型现收现付制养老金制度可能会减少劳动力供给，但是如果由此导致的效用损失小于制度带来的保障效用增加，那么这种DB型的制度安排仍然是福利改进的，而不应仅仅关注劳动力供给的减少。

第四，两种融资模式运行有效性分析。

在养老金回报率方面，World Bank（1994）认为，现收现付型养老金制度总是容易受到外部作用和影响，从而导致制度的收益率总是低于银行存款利率或国民收入的增长率，这意味着对养老金制度征收了隐形的税收，或者是养老金资产投资配置方面出现了问题。而 Diamond（1997）则对以上观点进行了质疑，他认为，在一个稳定的经济体中，现收现付型养老金制度的回报率将取决于经济增长，基金积累制养老金的回报率将取决于利率，如果在积累制下，经济增长率超过利息率，那么该经济体将面临过度储蓄的问题，只能通过减少积累来实现帕累托改进，反之则不然，如果经济增长率低于利息率，也不意味着应该通过增加资本累计来实现帕累托改进。从统计的角度看，将养老金投资于资本市场的回报率虽然比较高，但是其方差也非常大，表明其面临的风险很高（Diamond，1984）。Samuelson（1958）根据世代交替模型，假设人的一生只分为工作期和退休期，他指出，现收现付制虽然不能从积累基金中获取收益，但是可以获得"生物收益"，在缴费率不变的情况下，随着人口和劳动生产率的增长，每一代养老金的增长率为人口增长率+劳动生产增长率，这也被称为"生物收益率"。此后 Aaron（1966）又对 Samuelson 的理论进行了修正，认为只要当人口增长率与工资增长率之和大于实际市场利率时，在不提高缴费率的情况下，退休者能够从现收现付制中获取更高的退休金，即实现养老金福利的帕累托改进。

在制度转型方面，巨大的转型成本成为大多数国家从现收现付制向积累制改革的主要障碍，转型成本是否化解成为决定一个国家转型成功与否的关键。对此，Feldstein 指出，政府可以通过发行"认可债券"来消化转型成本，并且在满足经济动态有效以及经济中的资本存量小于满足福利最大化条件的资本存量时，转轨是帕累托改进的，并有助于提高国民福利。而 IMF（1998）认为，从现收现付制转向完全积累制过程中必定存在一个养老金缴费收入锐减而养老金支付没有降低的转型阶段，一个国家要想成功地实现从现收现付到基金积累的转型，政府必须拥有雄厚的财政实力，而从一些经济转型国家来看，其支付转型成本的资金来源有三个：历年财政结余、国有资产私有化取得的收入以及国际贷款。如果改革国家的历年财政结余不够，那么养老金改革势必会造成政府当期财政赤字飙升，并威胁国家宏观经济的平衡与稳定，这在吉尔吉斯斯坦的养老金改革中尤为明显。

2. 国内学者关于现收现付制和基金积累制的争论

我国学者对养老金制度融资模式的研究主要是给我国养老保险制度改革提供理论支持，特别是对于基金积累制的研究，更是成为学者们提倡做实养老保险个人账户的基础。北京大学中国经济研究中心宏观组（2000）以交叠时代模型和 Ramsey 增长模式为基准，比较现收现付制和基金积累制两种养老金制度的长期差别后发现，从经济增长的角度来看，积累制比现收现付制具有更高的平均消费增长率、平均消费水平以及更低的税率扭曲。在此基础上，他们从激励的角度对中国的养老金转型提出了看法：由于现收现付制很难使国企释放冗员，这不仅不利于劳动力资源在各单位之间实现有效配置，还使得激励不相容，因此，改革成为中国养老金的必然之选。王燕等（2001）在考察国外经验后，利用可计算一般均衡模型分析了中国养老金制度改革的影响，他们认为，虽然目前通过扩大覆盖面可以改善养老金制度的财务状况，但从长期看，这种做法却会使财务状况更加恶化，目前的现收现付制度将不再持续。此外，他们还主张，在做实个人账户之后，可以通过各种税收来弥补转轨成本，其中使用个人所得税来弥补转轨成本最能够促进经济增长和减少收入不平等。赵耀辉、徐建国（2001）则更多地从激励的角度出发，认为现收现付型的养老金制度虽然配合了国企改革，但却未能解决体制中资金缺口的问题，也不能应对人口老龄化带来的挑战。之所以在目前的制度运行中存在大量的逃避、拖欠、拒缴保险费的现象，从根本上来说是因为现行体制没有为企业和个人提供缴费激励。在转型成本方面，他们认为，在一定的假设下，用 1% 的 GDP 就可以在 50 年内清偿现在的养老金债务，并且如果通过变卖国有资产来支付转型成本，那么这个时间将会缩短。苏春红（2006）考虑到我国养老保险的制度背景，认为中国有必要向基金积累制转变。首先，我国的人口老龄化是在经济发展水平较低的情况下进行的，社会财富累积不足将可能导致支付危机爆发，虽然只要人口产出的增长率大于人口老龄化的速度，现收现付制就不会出现危机，但是考虑到我国目前粗放型的经济增长方式，能否能够保证这一条件的存在仍不得而知。

相对于以上学者对于基金积累制赞同的观点，更多中国学者对基金积累制采取了一种谨慎的态度，他们认为从中国的实际情况来看，维持目前的现收现付制将是最优选择。朱青（2001）主要从我国的现实出发，认为我国实行基金积累制的时机还不成熟，首先，我国在未来很长时间内仍满足"艾伦条件"。其次，随着我国人口老龄化的推进，虽然老年人口赡养比提高，但少儿抚养比则不断降低，因此养老环境将不是那么差。再次，我国的国民储蓄率已经很高，并且没有下降的趋势，如果再通过养老金制度进行储蓄，将不利于我国经济发展。最后，从根本上讲，养老金计划是依靠后代养老的制度，因此，无论是现收现付制还是基金积累制，最终都要通过提高劳动生产率来解决养老问题。袁志刚、葛劲峰（2003）从四个方面对我国从现收现付制向基金积累制改革进行了分析，并认为就中国目前的情况看，改革时机并不成熟：首先，养老金增长从根本上取决于一国人口的增长以及劳动生产率的提高，在我国人力资本投资还有较大提升的空间下，未来通过提高劳动生产率来维持现收现付制养老金平衡是有希望的。其次是转轨成本的问题，中国转轨成本的规模以及消化方式还未明确，转向完全积累制对我国经济将是巨大负担。再次是转轨时机问题，主要考虑到中国的国民储蓄问题，在我国国民储蓄率相对较高的情况下，引入个人账户可能导致过度储蓄，投资回报率将难以保障，个人账户制将没有存在的必要。最后是养老基金的运行条件。从目前我国资本市场情况看，还不具备养老基金保值增值的条件，这成为影响我国建立积累制的最大障碍。杨立雄（2005）在总结国内外的社会保障私有化争论后，提出了基金积累制并非一定优于现收现付制的观点。第一，从社会产品的角度看，养老问题并不会因为从现收现付制转变为基金积累制而消失，它只是将危机转移到下一代。第二，面对人口预期寿命延长带来的风险，无论是基金积累制还是现收现付制都会给制度财务带来巨大压力，基金积累制下的缴费率仍避免不了提高的结果。第三，随着人口老龄化带来支付压力的增大，基金积累制仍然能够提高储蓄率的说法是站不住脚的，并且如果储蓄不能转化为投资，那么基金积累制能够促进经济增长也是值得怀疑的。第四，由于巨大管理成本的存在，再加上资本投资市场存在的风险，基金积累制所带来的收益不一定会比现收现付制高。第五，从再分配的角度出发，现收现付制要比基金积累制具有明显的优势。

　　排除以上"非此即彼"的基金观点，一种更为"中庸"的态度对以上两种融资模式采取了实用主义的对待方式。如封进（2004）用福利经济学框架推导出社会福利最大化目标下现收现付制和基金积累制在同一个养老金体系中的最优混合比，他认为，当一国的人口增长率和工资增长率之和超过实际利率，采用现收现付制将有利于整体社会福利的改善，特别是在国民收入分配差距较大时，这种改善将更加明显。对于中国，他认为，以现收现付制为主体的养老金制度可成为未来中国养老金体系的选择，并认为这一制度是否能够持续运行将取决于劳动生产率、产出水平以及经济增长率的高低。林宝（2010）认为，面对人口老龄化的挑战，各种养老金模式的优劣并不取决于该制度是现收现付制还是基金积累制，而是取决于该制度的给付方式到底是缴费确定型还是待遇确定型，传统的现收现付制为了保持原有的待遇承诺，就必须提高缴费率，当缴费率不能再提高时，支付危机就出现了，但待遇确定型并非现收现付制的本来面目；同时，基金积累制采取量入为出的方法，在应对老龄化带来的人口结构变化时，主要采取降低养老金水平的方法，但是这种降低水平的底线在哪里，特别是当养老金水平降至不能维持老年人生活水平的时候，基金积累制也将会出现支付危机。

3. 结论

从整体上来看，学者对于养老金融资模式的态度可分为两大派：激进派和审慎派。激进派主张基金积累制，强调该制度在提高储蓄率、促进经济增长以及应对人口老龄化方面的积极作用，特别是现收现付制遭遇危机以及智利养老金私有化改革的部分成功，更是为这些观点提供了佐证。对于这些主张积累制的观点，审慎派表现出怀疑的态度，认为激进派对基金积累制的肯定是建立在某些假定条件之上的，基金积累制和现收现付制之间并不存在非此即彼的关系，如何实现对老年人的保障才是未来养老金改革的重点，这种观点也越来越被学界采纳。

对此，本文在现收现付制和基金积累制之间的取舍上更倾向于采取一种实用主义的态度。无论是现收现付制还是基金积累制，最终实现的养老保障是老年人可用其养老金购买的社会产品，而货币形式的养老金到底是多少并没有多大意义，可用于养老保障的社会产品有多少，一方面取决于整体社会财富有多大，这一问题的关键在于努力实现社会产品的最大化，并最终表现为各社会生产要素的数量和相互配合；另一方面取决于社会财富的分配方式，这在很大程度上关系到老年群体在整个社会的地位以及社会对老年人的价值承认等。

二　社会保障制度与财政之间关系的相关研究

在总结国内学者对财政和社会保障制度二者之间关系时发现，对于财政和社会保障的概念与内涵已经约定俗成：财政即是指公共财政，它是市场经济条件下，政府为了满足社会公共需要并实现其职能的分配活动；在社会保障方面，不同于西方国家对于福利和保障的定义，我国采取了"大保障"的概念，并反映了我国的具体保障实践。社会保障是包括社会救助、社会保险、社会福利、军人保障等一系列项目在内的制度。学者们在分析财政和社会保障制度的关系时，其实已经将上述概念内化到其观点中。

1. 财政和社会保障之间具有共同的特征

首先，二者的分配主客体相同，社会保障和财政的分配主体都是国家，分配的客体都是国民收入中的剩余产品（吉淑英、王爱东，2007）。其次，二者的目的都是为了保证经济和社会的发展，最终目标是建立社会主义和谐社会。社会保障作为"社会安全网"和"减震器"，是缓和社会矛盾，维持社会秩序和促进社会公平的重要手段，同时，财政也能够满足公共需求和利益，进而促进经济、社会和人的全面发展，最终走向和谐社会，二者在这些功能上是不冲突的。最后，二者的资金预算都具有公共性的特征，财政通过公共支出实现促进社会公平等公共职能，而社会保障通过资金的收缴运行提供的也是公共服务，因此，从这个意义上看，社会保障资金预算从性质上看也应该是具有公共性的（蒋筱江，2008）。

2. 社会保障是国家财政活动的一部分

马向荣（1999）从马克思劳动扣除理论出发，认为社会保障是通过对国民收入进行分配而形成的社会消费基金，其内容和马克思关于财政分配理论中"用来应付不幸事故、自然灾害等后备基金或保险基金"以及"为丧失劳动能力的人等设立的基金"是一致的，这表明，社会保障是国家财政分配的一部分。还有学者认为，社会保障是财政调控的手段和工具，在市场经济条件下，财政是国民收入分配的重要渠道和政府调控宏观经济的重要手段，而财政实现这一目标的关键在于控制社会总需求，而由于制度化的设计，社会保障收支与整个国民经济运行构成某种联系，从而使得社会保障能够自动配合国家财政的需求调控，进而成为国民经济的"稳定器"，不仅如此，社会保障对国民经济的调整还具有"反经济周期"的效果（林山，1998）。

3. 财政要承担对社会保障的责任

财政应该对社会保障制度承担一定的责任。不少学者也对这些责任进行了分类：如财源责任，包括财政应该为社会保障筹资负责，其中财政对社会保障的财政兜底责任一直为多数学者津津乐道。还有管理责任，其中包括参与制定社会保障政策、执行社会保障预算，参与社保基金征管，为社保设置财政专户，执行社保基金运行的监督职责，等等。值得注意的是，有学者提出了财政对社会保障的有限责任，认为不应该将社会保障的全部负担全部推给财政，财政只能是社保众多责任主体中的一部分，这一方面是由于政府财政能力有限，不能负担起所有社会成员的全部社保需求，另一方面也考虑到统一性和差异性之间的矛盾，特别是社会成员的保障需求千差万别，财政需要和其他保障形式相结合（刘志国、姜浩，2006）。

4. 社会保障制度的运行对财政产生较大的影响

李珍（2007）认为由于财政制度是社会保障制度运行的经济基础，因此，社会保障制度的良好运行有利于减轻财政负担。首先，社会保障制度因素影响财政收支水平，各项社会保障制度的覆盖面、待遇水平等因素都会影响社会保障制度的收支，进而影响财政的收支，鉴于此，在管理方面，社会保障制度的收支要有章可循。其次，社会保障管理的绩效影响财政收支水平，一种覆盖面狭小、待遇水平高、管理低效且功能单一的社会保障制度必然会加重财政负担，反之，覆盖面宽、待遇水平适度、管理高效且功能多样的社会保障制度将减轻财政负担。最后，社会保障收支是财政管理有效需求的工具，这与前面所提到的内容有所相似，此处不再赘述。

5. 小结

从上面论述可以发现，国内学者对财政和社会保障制度关系的断定一般构建于我国具体的社会保障制度实践之上，对于我国社会保障制度的运行具有一定的指导意义。但其中也存在一些缺陷：首先，二者之间关系的界定过于笼统，未能进一步区分财政与各项具体的社会保障项目之间的联系，从理论上讲，对于社会保障制度的各分支来说，它们具有各不相同的运行特征，财政对它们的意义是不同的，社会救助的资金应该完全来源于财政，社会福利也应该是以财政为主要资金来源，这是毋庸置疑的。其次，混淆财政与社会保障各项目之间的关系将不利于社会保险制度的发展，作为社会保障制度中占比最大的项目，财政与社会保险之间的关系也是最微妙的，社会保险本质上是保险，遵循保险原则和精算原则，如不厘清二者之间的关系，则很可能陷社会保险于极为不利的境地，甚至形成财政与社会保险之间的恶性循环。当然，也有学者专门对社会保险中的国家财政责任做出了分析，如申曙光（1999），但也未能脱离中国国情，同时强调财政和社会保险基金之间的紧密关系，这种分析框架最终极有可能造成社会保险对财政的依赖。最后不得不提的一点是财政和解决养老金转型成本的关系，多数学者认为通过财政化解养老金转型成本是必要的，也是可行的。

三　基本养老保险与财政之间关系的相关研究

近年来，关于养老保险与财政之间关系的研究越来越多，首先，不少学者从完善养老保险的政府财政责任出发，肯定财政对养老保险的重要意义，特别是在弥补制度缺口和支付转型成本方面，并对财政如何补贴养老保险提出自己的观点；其次，有学者从制度化的角度出发，对财政补贴养老保险的现状提出质疑，认为非制度化是阻碍财政—养老保险关系良性发展的重要因素；再次，有学者从财政分级的角度界定中央和地方政府在养老保险中的不同作用，从而为养老保险中财政补贴的可持续发展提供思路；最后，有学者从差异化的角度研究财政对养老保险的补贴，并对养老保险制度的统筹发展提供建议。

1. 财政补贴养老保险的模式研究

毋庸置疑，财政是我国养老保险制度的重要支撑力量，研究财政如何支持养老保险制度是非常有意义的。我国当前的养老保险制度始建于20

世纪 90 年代，制度改革带来转型成本，形成"空账"运行问题，也被称为"隐性债务"。贾康等（2000）认为过大的养老保险隐性债务会导致财政赤字和债务规模的扩大，加大财政运行风险，对此，提高养老保险补助支出占财政支出的比重是市场经济条件下政府消除隐性债务的重要途径，要调整财政支出结构，适当压缩一些属于"越位"或效率不高的财政支出所占比重，扩大养老保险补助支出。魏立（2010）认为加大公共财政投入是解决养老保险隐性债务的关键。刘学良（2014）通过建立养老保险精算评估模型，预测了 2010~2050 年中国职工和居民全口径的养老保险收支缺口和政府隐性债务，折现到 2010 年，总额相当于 2010 年 GDP 的 143%，通过提高退休和领取养老金年龄、降低替代率等能够显著降低缺口。

2. 养老保险财政补贴的央地责任划分

中央和地方的互动一直是养老保险财政中的重要议题，二者如何分责则是首要的问题。贾康等（2000）认为中央和地方政府在养老保险补助上要坚持权利和义务相统一的原则，分担各自的责任，统筹层次是划分二者责任的重要依据，中央政府可以根据自身的财力状况补助部分落后省份。雷根强等（2008）认为政府间的利益分歧是影响养老保险制度改革的重要因素，这种影响表现为养老保险制度改革的增量性和路径依赖性，特别是在统筹层次上更是难以推进，为了更好地推动养老保险制度进一步改革，必须要正确处理各级政府间、政府各部门间的财政利益分歧。邵挺（2010）认为，从长期看，基金积累制可以维持整个体系可持续的均衡运行，但在省级统筹的前提下，各地方政府的财政能力差距过大，基金积累制改革只会进一步拉大各地养老保险基金运行效率的差距，只有提高统筹层次，才能进行制度转轨。不仅如此，央地责任划分亦是研究养老保险全国统筹的一个重要切入点，如冯庆春（2014）。

3. 养老保险制度财政责任的制度化和差异化研究

最近几年，学者对养老保险财政责任的研究开始从结构和特征入手，不再专注于财政补贴的数量，而是开始关注财政补贴的质量。杨斌等（2015）以养老保险财政补贴数据为依据对基本养老保险制度政府财政责任进行研究，发现基本养老保险制度财政责任存在财政供款责任隐性化、财政调整不稳定、财政分担责任不合理和财政责任地区差异较大等问题，而基本养老保险制度财政责任非制度化是这些问题的深层次原因。认为基本养老保险制度财政责任改革应从非制度化向制度化转变，实现财政预算责任制度化、财政供款责任制度化、财政分担责任制度化、财政调整责任制度化和财政监督责任制度化。在差异化研究方面，杨斌等（2015）认为中国养老保险制度政府财政责任表现出模式差异、地区差异和城乡差异的特点，这种差异化对养老保险制度的未来发展提出严重挑战。我国可根据劳动者和居民的身份进行养老保险制度财政责任模式的改革，应该推动建立多支柱养老保险体系，促进养老保险制度单位和个人责任的合理化，促进养老保险费改税等。

4. 财政对于我国农村（城乡）养老保险的显著意义

不同于城镇企业职工养老保险，《社会保险法》明确规定了农村养老保险中财政的责任，包括"补入口"和"补出口"两大部分，因此，对于农村养老保险来说，财政的作用尤为显著，如果没有财政补贴，新型农村养老保险依然逃脱不了1992年制度模式。因此，在当前研究中，学者主要从农村养老保险中的财政责任、财政补贴能力、财政可持续化、财政可行性等方面进行研究。李长远等（2008）从理论上分析并探讨政府应在农村社会养老保险制度中承担相应的责任，在介绍国际上典型国家农村社会养老保险制度中的财政责任经验基础上，提出了重构我国政府在农村社会养老保险制度中的财政责任。周志凯等（2015）从显性或隐性、政府层级这两个方面对农村养老保险的财政责任进行研究。刘万（2007）运用精算平衡原理，认为在近20年内，如果财政对纯保费进行对等补贴，压力仍应在财政可承受范围内，不管采取何种类型的制度，政府都应该为当前农村老人提供较低水平的养老保障，这是必需的，在经济上也是可行的。李琼等（2013）认为西部新型农村养老保险制度离不开公共财政支出，但当前存在缺陷，如基础养老金偏低、"一刀切"的财政分担结构拉大了西部农村居民之间的收入差距，造成西部农民养老不公平，并提出相应对策。曹信邦等（2011）对农村养老保险的财政支持能力进行了分析，认为不同地区农民缴费负担能力不同，不同地区财政的支持能力亦有差别。不同农民年人均纯收入在不同的增长率条件下政府财政完全有能力维系该制度的财务收支平衡，政府应该加大对农村社会养老保险的支持力度。

5. 小结

总结我国当前已有的养老保险—财政关系的研究可以发现以下规律：第一，研究较为集中在财政对养老保险的投入能力和可持续能力上，在当前的养老保险制度模式下，财政需要投入多少，应该怎样投入，并且更加关注财政解决隐性债务的可行性和必要性。第二，在养老保险财政的央地责任划分上，依然逃脱不了财政投入的数量和能力，对财政投入特征的研究较少。第三，当前研究通常把财政放在相对"被动"的位置上，研究面对当前的养老保险问题，财政应该如何应对，但缺乏面对当前的财政投入结构，养老保险将如何应对的问题。第四，关于养老保险—财政关系的理论研究相对较为缺乏，当各类研究专注于财政补贴的投入和数量上时，却忽略了养老保险和财政的本源，它们本来应该是什么样子的，根据它们的本源，我们应该进行哪些调整？

第三节　理论基础和概念界定

一　理论基础

本文主要从两个角度探讨研究的理论基础，第一是财政的角度，主要论述财政是否应该补贴养老保险以及补贴养老保险的"限度"；第二是社会保险的角度，主要论述社会保险到底是一个怎样的制度，该问题决定了社会保险制度应该和财政保持的距离。

1. 财政要不要补贴养老保险

在财政要不要补贴养老保险这个问题上，可以通过两个理论进行解释，一是市场失灵理论，二是财政的福利责任。

（1）市场失灵理论

市场失灵的一个重要表现是外部性。外部性限制了市场经济活动有序进行，因此政府必须加以干预。科斯从产权的角度出发，认为只要产权关系明确，就可以通过市场的交易活动来实现资源的最优配置，从而消除外部性。但斯蒂格里茨对此提出了异议，认为当外部性涉及的人数过多时，即使他们想自愿组织起来使外部性内在化，但交易成本是巨大的，这时，政府干预是必要的。根据这一理论，养老保险制度属于外部性较强的产品，如果没有该制度，（由于短视的原因）个人在年老时可能没有收入来源，从而使得个人的最低生存需求不能得以满足，贫困、疾病等问题涌现，导致社会陷入不稳定状态，从而影响经济的正常发展，表现为强烈的负外部性，而社会化养老保险制度的出现正是应验了上述逻辑。同时，养老保险制度还是正外部性很强的产品，其社会价值要大于私人价值，导致私人提供者制定的价格往往要高于市场均衡价格，这种情况下，政府补贴往往是较好的解决途径。

（2）财政的福利责任

从当前来看，学术界一般认为财政的职能包括三大方面：资源配置、经济稳定和发展以及收入分配。而这三大职能都与福利制度密切相关：首先，财政的资源配置职能是指政府通过财政收支配置社会资源并提供社会产品，从而实现社会资源的有效配置，此外，国家设置福利制度来有效保护劳动力，并对劳动力市场进行调节，从而完成对劳动力资源的有效配置。其次，在财政的经济稳定和发展职能方面，福利制度对经济稳定和发展的促进功能是显而易见的，社会福利制度的产生在很大程度上是出于稳定经济和促进社会发展的需要，福利制度被视为经济运行的"灭火器"，同时，福利制度也促进了经济发展，在养老保险领域，长期积累的养老保险基金对于资本市场来说是不可或缺的组成部分，对于促进资本市场发展以及经济稳定发挥了极大的作用。最后，在财政的收入分配职能方面，福利制度正是财政发挥收入分配职能的重要桥梁和工具，一方面，非缴费型福利制度的资金来源是财政，即对高收入群体征收累进所得税并对低收入群体进行补助，最明显的是各国的社会救助制度，即使是在缴费型福利制度下，财政补贴也是制度重要的资金来源之一，并且制度的运行和管理通常由财政完全承担，因此，无论是缴费型福利制度还是非缴费型福利制度，都是财政发挥收入分配职能的重要载体。也就是说，自财政产生那天起，财政就与福利制度密不可分。

2. 财政补贴养老保险的限度

在财政如何补贴养老保险的问题上，公共产品理论可以对其进行解释。Samuelson（1954）认为根据公共产品纯度的不同，社会产品可分为私人产品、混合产品和公共产品，这三种产品的公共产品纯度越来越高。对于养老保险的公共产品属性，我们将从以下两个方面进行分析：第一，消费的非排他性，即某个人或团体对公共产品的消费，并不影响或妨碍其他人或团体同时消费该产品。对于养老保险来说，它属于缴费型制度，缴费是个人获取待遇的前提，当个人领取养老金后，其他人则不能享用养老金带来的利益（除了养老金领取者需要抚养的人）。第二，取得方式的非竞争性，即公共产品消费者的增加不引起生产成本的增加，养老保险制度显然并非如此，当制度覆盖面扩大时，每增加一个参保人，相应的管理成本将提高，如对个人账户的管理。通过以上两个特征的检验，可以认为养老保险并非纯度较高的公共产品，甚至具备某些私人产品的属性，财政在对其进行补贴时要保持一定的距离，从纯粹的理论角度出发，财政可以不对其进行补贴，但根据前面的分析，养老保险具有较强的外部性特征，私人部门不提供或提供的成本很高，于是产生了财政补贴养老保险的必要性。但财政属于公共财政，它首先要满足公共产品的提供，特别是那些纯度较高的公共产品，如非缴费型养老金，因此，财政补贴养老保险存在补贴限度的问题。

3. 社会保险的属性

以1883年德国颁布的《疾病保险法》为现代社会保险制度的开端，社会保险制度在世界上绝大多数国家发展和繁荣起来，并成为影响社会经济运行的重要因素。随着社会保险制度在社会经济中占据越来越重要的地位，并且成为社会经济改革焦点时，我们开始思考，我国当前的社会保险还是不是其本来的模样，社会保险又是如何发展成为当前的制度？

首先，社会保险起源于互助，遵循大数法则。行业互助是现代社会保险制度诞生前重要的社会保障措施，如德国工人互助组织——基尔特，早在12世纪，德国就出现了互助性的行会组织，它规定会员要捐赠一部分会费用来救助鳏寡孤独者，后来这种捐赠发展成规律性的缴费，形成一定规模的互助基金，当行会工人及其家属面临疾病或死亡等风险时，互助基金将会向其支付一定的医药费或丧葬费，这是德国基尔特组织的基础。之后德国互助组织有了突飞猛进的发展，1880年，德国行会互助组织成员有6万多人，到1885年迅速增加到73.1万人①。在具体操作中，基尔特的运行机制和原理类似于现在的社会保险，都是运用大数法则在更大的范围内分散社会风险。德国行会互助组织的壮大引起政府的注意，并被时任首相的俾斯麦视为"国家威胁"，他认为统治者要维护政权稳定必须取得工人阶级的支持，与其让工人自发组织福利，不如由国家提供福利以安抚工人运动。在德国建立社会保险的过程中，政府在重新建立新制度还是整合当前互助计划之间进行了权衡和抉择，最终只是对当前的互助计划进行了整合。从当前德国社会保险制度的现状看，其模式属于行业保险。

其次，社会保险与保险的渊源。社会保险和保险在一定程度上具有相通性，同时又有一定的区别。R. Clyde White（1943）认为，社会保险所覆盖的风险在一定程度上和私人意外伤害险所覆盖的风险是重合的，意外伤害险包括两种，一种是由于被保险人对保险受益人或受益人财产负有法定义务，风险或损失发生时，要向受益人提供赔偿；另一种是当被保险人或其财务遭受损失时，向受益人提供赔偿。大多数社会保险属于第二种，但工伤赔偿计划属于第一种，因为雇主有向其受伤雇员提供赔偿的责任。因此，社会保险可被看作由法律授权，全部或部分由政府管理的公共意外伤害保险，该定义从保险内容上对保险和社会保险的关系进行了区分。John B. Andrews（1917）肯定了保险制度在应对不确定风险中的作用，并认为在保险基础上建立的社会保险是每个工业化国家不可或缺的制度机制。

社会保险首先是保险，是一种分散风险技术，它包括以下两个关键点：一是大数法则是保险运行的基本准则，在一定范围内将同质风险分散。保险是运用大数法则在一定范围内分散风险的问题解决机制。根据大数法则将面临同类风险的个体或单位集合起来，从而可以将个人风险转移至保险团体，当个人遭遇风险时可以从保险中获得补偿。二是保险的目标是保障。无论是商业保险还是社会保险，实现对参保人的经济保障是二者

---

① 侯文若：《现代社会保障制度》，中国经济出版社，1994，第7页。

的共同目标。我们在研究社会保险时不能离开保险的这两个关键点。但我们又不能把社会保险等同于保险，有学者认为二者之间并不存在实质性区别，无论是在保障项目、运行机制，还是在技术基础、基金运营等方面，二者均具有相似性。上述观点过于强调社会保险本身的保险属性，却忽视了社会保险作为福利制度所具备的福利属性，兼顾福利属性的社会保险制度不可能像商业保险那样单纯追求参保人缴费和待遇的对等，社会保险的福利性是其具备政治合法性的标志，其保险待遇不可能完全等同于缴纳的保险费，社会保险还应具备一定的收入再分配功能等。

二 概念界定

1. 对社会保险的重新认识

关于社会保险，由于各国在理念和实践上的不同，对社会保险进行统一的定义是较为困难的。对于德国来说，社会保险在很大程度上是劳工保险，对于战后的英国来说，社会保险是在国家财政支持下力求对全体国民实现最低保障的制度安排。

George F. Rohrlich（1969）认为社会保险是在工业化过程中，当个人暂时或永久遭遇疾病、生育、残疾、失业、老年、工伤等风险时，可以获取保护的财务保障机制。不同于私人保险，它的主要特点包括：第一，法制性，通过法律建立，并且覆盖大部分人口；第二，政府建立或政府监督；第三，对于其覆盖的人口，该制度是强制性的；第四，资金来源通常由雇主和被保险人承担，有时还包括政府财政；第五，不像私人保险那样，社会保险并不仅仅考虑个人公平，同时也考虑社会公平；第六，必须对社会保险项目进行长期测算，并要有一定的积累；第七，必须要根据社会需求的变化调整待遇给付；第八，必须为保险索赔、权利确定和待遇支付建立公正的程序；第九，必须通过法律保证待遇的权利；第十，累积的基金有时可用于提供辅助性的待遇，服务等。除此之外，它同时需要遵循私人保险的保险原则等。

美国风险及保险学会社会保险术语委员会（The Committee on Social Insurance Terminology of the American Risk and Insurance Association）曾对社会保险进行过如下定义：通常由政府采用危险集中管理方式，对于可能发生预期损失的被保险人提供现金给付或医疗服务。它具备以下要件：法律强制规定保障范围和给付标准；被保险人领取待遇要以缴费为前提；社会保险待遇通常与缴费没有直接关系，制度要对低收入者和多子女者有利；应该从长远的角度考虑社会保险的给付能力；保险费主要由被保险人、雇主或双方共同缴纳；社会保险计划必须由政府管理或监督；社会保险计划并非仅为政府雇员所设立[①]。

在我国，随着社会保障制度的逐渐完善，不同学者亦为社会保险制度进行了一系列的定义，何平（1997）认为，社会保险是国家通过立法建立的一种社会保障制度，从而使劳动者因年老、患病、伤残、死亡等暂时或永久丧失劳动能力或因失业而中断劳动时，能够从社会获得物质帮助[②]。郑功成（2000）将社会保险定义为：以劳动者为保障对象，以劳动者的年老、疾病、伤残、失业、死亡等特殊事件为保障内容的一种生活保障政策，它强调受保障者权利与义务相结合，采取的是受益者与雇用单位等共同供款和强制实施的方式，目的是解除劳动者的后顾之忧，维护社会的安定[③]。李珍（2007）认为，社会保险是以国家立法强制征集社会保险税（费），并形成社会保险基金，当劳动者及其亲属因年老、疾病、工伤、残疾、生育、死亡、失业等风险引起经济损失、收入中断或减少时，以社会保险给付支付给受益人，保证其基本生活需求的社会保障制度[④]。邓大松（2009）认为，社会保险是国家通过立法形式，为依靠劳动收入生活的工作人员及其家庭成员保持基本生活条件，促进社会安定而举办的保险，是从商业性保险的基础上产生的特殊的强制性保险[⑤]。

总结以上定义，各位学者都从不同方面解释了社会保险制度的内在特性，如强制性，社会保险的建立是以国家立法为基础的；特殊事件性，社会保险是在受益人遭遇疾病、年老等风险时发挥作用；对象性，社会保险

① The Commission on Insurance Terminology of the American Risk and Insurance Association, Bulletin of the Commission on Insurance Terminology of the American Risk and Insurance Association, Pennsylvania：ARIA, 1965.

② 何平：《国有企业改革中的社会保险》，经济科学出版社，1997，第6页。

③ 郑功成：《社会保障学——理念、制度、实践与思辨》，商务印书馆，2000，第18页。

④ 李珍：《社会保障理论（第二版）》，中国劳动社会保障出版社，2007，第12页。

⑤ 邓大松：《社会保险（第二版）》，中国劳动社会保障出版社，2009，第11页。

主要保障劳动者及其家人等。权利与义务相结合性，社会保险是参保人通过缴费而获取的保障权利，这是区别于其他福利制度，如社会救助制度的重要特征，等等。而在有的定义中，社会保险被看作维持受益人的基本生活需求或向受益人支付待遇的制度安排，这是对社会保险制度收入再分配特征的强调。

确切来看，"社会保险"一词的结构是由"社会"和"保险"两部分组成，"社会"是对"保险"的修饰和定位，其最终落脚点应该是"保险"。可以从以下两个方面理解"社会保险"：其一，社会保险的本质是保险，保险遵循大数法则，将同质风险在更大的范围内分散，在运行过程中，要求保险的收入和支出大致对等。其二，社会保险具有"社会性"，其社会性特征客观上要求制度具备强制性和福利性。通过对社会保险历史和各国制度改革情况的考察，笔者对社会保险的主要特征进行了以下总结：

第一，保险性。保险性是社会保险制度的基础。社会保险首先应遵循大数法则，将多数人的同质风险集中在一起，或者将个人遭遇的某种特定风险分摊至长期生命过程，以上构成了保险过程。具体到社会保险制度运行中，缴费是领取社会保险待遇的前提，参保人要通过缴费获取保险赔付权益，多缴多得，不缴不得。这意味着在社会保险制度的资金来源中，个人缴费应该是主要的资金来源，否则制度的保险性将遭到削弱。

第二，福利性。福利性是社会保险区别于普通保险的重要标志，只有具备福利性特征，社会保险制度才能吸引到足够多的参保人来分散风险，同时，福利性亦是财政福利责任的重要体现。有学者将以上特征定义为所得大于所缴，即参保人领取的福利待遇要大于其缴费。福利性要求社会保险制度在个人缴费之外还有其他资金来源，其中，财政是重要的资金来源之一，也是能体现国家社会保险制度福利性的重要标志，除了直接财政补贴外，国家将社会保险基金集中起来投资，由于规模效应，集中投资的收益一般要大于个人单个投资所获取的收益。我们在强调福利性的同时，要注重"度"的问题，过于强调社会保险的福利性，意味着社会保险是福利制度，而非保险制度，从而不利于社会保险制度的发展。

第三，强制性。强制性是社会保险制度优于普通保险制度的重要保证。社会保险制度保障的是不确定风险或长期风险，而个人在判断上述两类风险时通常会存在"短视"问题，个人无法预期何时患病，或者通常高估自己的身体状况，个人也无法预期个人年老时需要的养老金，有时会乐观估计，对于上述问题，社会保险的强制性优势能体现出来。国家将全体劳动人口强制性地纳入社会保险项目中，不但有效实践了大数法则，同时也让社会上绝大部分人可以领取社会保险待遇，从而形成对国民的保障，而对于普通保险制度来说，由于缺乏强制性，通常覆盖范围较为狭窄，保障能力极为有限。

第四，自我平衡性。自我平衡性是社会保险制度长期持续发展的重要保障，所谓的自我平衡性是指社会保险制度要追求收入和支出的相对平衡，当收入大于支出时，可适度提高保险待遇或降低缴费标准，当收入小于支出时，社会保险待遇要适度降低，或提高缴费率，从而使制度重新达到相对平衡。通过自我平衡，社会保险制度可以拉开与财政之间的距离，但这并不意味着社会保险要远离财政，而是应当建立正常化的财政补贴机制，财政补贴要有"度"，在此基础上，社会保险应努力追求自我平衡。有学者提到社会保险的收入分配功能，上述功能可通过财政补贴缴费来实现，如对城乡养老保险的配比缴费，国外财政对弱势群体的补贴缴费等，但收入分配功能不应当是社会保险的主要功能，而应当是福利制度的主要功能。

根据以上特征，本文将社会保险的定义做如下规定：社会保险是建立在保险机制基础上，以劳动者为保障对象，以劳动者的老年、疾病、残障、失业等风险为保障内容，强制实施的具有福利性和自我平衡性的保险制度。对社会保险的定义是我们研究养老保险制度的基础。

2. 社会保险与财政的关系

如前所述，自财政诞生那天起，其福利责任已是不可推卸，作为福利制度中最重要的部分，社会保险亦是不可避免地与财政之间存在千丝万缕的联系。

首先，在福利制度成熟的西方国家，财政不仅承担了社会救助和社会福利的全部责任，同时也构成了社会保险的重要支柱。从当前看，财政参与社会保险的特点主要包括以下两个方面：其一，全面性，财政参与了社会保险制度运行的各个环节。如社会保险的广覆盖在一定程度上需要财政的保障，对于无力缴纳社会保险费（税）的群体，西方国家一般要求财政承担起这部分群体的缴费责任。不仅如此，大多数国家还规定了财政的社会保险缴费责任，如德国社会保险负担中，一般性税收收入大概占到1/3，有的国家占比甚至更高。在制度运营管理环节，大多数国家的社会保险制度都由政府建立专门的部门进行管理，即使是在私营管理的国家，一般也有专门的政府部门进行监督。在社会保险基金的投资收益方面，有些国家规定社会保险基金只能投资于政府国债，并由财政保证收益率，如美国。其二，兜底性，财政将最终承担社会保险的支付责任。在绝大多数国家，财政是社会保险的最终保障，当社会保险收入不能满足其开支，即社会保险项目收不抵支时，一般性财政收入将予以弥补。最明显的国家是希腊，希腊财政承担起了各类养老保险制度的最终兜底责任，最终导致其财政不堪重负，改革之声此起彼伏。兜底责任还表现在各种社会基金的建立上，如中国的全国社保基金，挪威的"挪威政府全球养老基金"（GPFG）和法国的"国家储备基金"（FRR）等，这些来源于财政的基金将承担起各国发生养老金支付危机时的最终兜底责任。

其次，当前各国财政与社会保险的关系，或者说财政参与社会保险的深度都是始料未及的。从财政方面讲，财政是伴随着市场经济的出现而产生的，在一开始其职能被严格限制在国防、维持社会秩序和建立公共事业三个方面，从根本上讲，这一时期的财政是为市场经济服务的，此后财政在福利领域的作用亦是被限定在济贫等非缴费型福利方面。从社会保险的角度讲，社会保险诞生于劳工保险，从根本上看是一种劳工群体内部的互助共担制度，遵循保险机制，强调自我平衡，与政府财政并无任何关系。在美国，财政参与社会保险的主要方式是制度运营管理，如建立专门管理机构和基金购买国债等，而在制度本身收支平衡方面，财政并无任何干涉，制度管理者通过进行长期预算，不断调整缴费率和收益率，进而实现制度的长期收支平衡。即使是在财政参与社会保险制度的国家，如德国，也是建立了财政的正常投入机制，如财政负担制度资金来源的1/3左右，直至现在，德国亦是遵循了这一原则。

时至今日，西方社会保险制度已经走过百年，目前该制度与财政的关系与当初早已不可同日而语，从当初的相互分离到目前的深度参与，财政已经成为有些国家社会保险制度的主要支撑力。当西方国家福利制度出现危机，自身财务状况不断恶化并对财政产生一系列消极影响时，我们不禁反思社会保险。不可否认，当前的社会保险已经不是当初的劳工保险，其承担的社会责任或专注的目标亦是发生了巨大变化，一开始，社会保险被视为维稳机制和劳工保护机制，之后逐步演变为人权保障机制和社会和谐机制，同时承担起非缴费型制度的某些角色，从而导致财政参与程度越来越深，从根本上讲是外部环境和社会理念等发生了变化，特别是受到投票者倾向所驱使。但我们不能忘记，社会保险是保险制度，它本身所应遵循的保险机制内核不应该改变，否则制度将走入不可持续的困境，也就是说，社会保险在追求保障性和福利性等目标时，还要兼顾自身可持续发展的目标。

本文强调社会保险的自我平衡属性，并非完全排斥财政对制度的参与，社会保险并非商业保险，仍应当建立财政的正常投入机制，如财政缴费等，此举将有助于实现制度的长期可持续发展。

3. 养老保障、养老金与养老保险

在上述三个词语中，养老保障的意思最为古老也最为明显，笼统讲它是指当个人步入老年后外界对个人的保障，包括经济保障、服务保障以及精神保障等。从人类诞生之日起，"老有所养""老有所终"就是人类社会的美好愿望，并且随着人类社会的进步，养老保障的方式和内容也发生了巨大的转变。在进入资本主义社会之前，个人养老保障方式主要是家庭养老，辅以随机的慈善救助、宗教救助和非制度性的官方救助等，虽然这些方式都不属于强制性的养老保障安排，但对于解决当时的老年风险问题发挥了关键性的作用。值得一提的是英国的济贫法制度，它以制度性的安排解决了部分贫困老年人的养老问题，虽然保障水平比较低，但仍开了政府正式干预养老保障制度的先河。当人类开始进入社会化大生产阶段，家庭小型化及核心化使得以前依靠大家庭应对老年风险的养老保障模式受到冲击，而其他的非正式救助以及济贫制度由于保障范围有限、持续能力较弱而遭到社会成员的诟病，建立制度化并具有长期持续能力的养老保险制度成为必然。

对于我国来说，养老金和养老保险都属于舶来品，因此，在弄清楚它们的含义之前，要先看一下国外对它们的界定。维基网对养老金（pension）的定义是①，根据已有合同规律性地支付给个人的固定金额，通常是指个人退休后的给付。要注意区分 pension 和 severance pay 二者之间的关系，前者一般指规律性的分期给付，而后者是指一次性给付，通常是在雇员退休或被解雇时，由雇主支付的津贴。养老金一般也被称为退休金或退休费，养老金计划或退休金计划可以由雇主提供，也可以由保险公司、政府、相关机构（如雇主联合会或工会）等提供，对于这些计划的命名，不同的国家有不同的称呼方式，如美国称为退休计划，英国和爱尔兰等国家称为养老金计划，澳大利亚和新西兰称为超级年金计划。综上所述，养老金是指当个人进入老年后，由相关机构规律性地支付给老年人的现金待遇。

当提到养老金时，我们不得不联想到的一个概念是"年金"。年金是定期或不定期时间内一系列的现金流入或流出。目前，当人们提到年金时，一般将它与养老金相联系，如企业年金、保险年金等，但年金所涉及的范围要广得多，如分期偿还贷款、整存领取、支付租金和提取折旧等都属于年金形式。因此，不能将年金笼统地看作是养老金。

养老保险，是通过保险原理提供养老金待遇的养老保障方式。目前不少地方都把它和养老金混淆使用，笔者认为这是不恰当的。如果根据受益人缴费与否的标准划分福利制度，所有的福利都可分为缴费型福利和非缴费型福利，而养老保险，很明显属于缴费型福利，参保人只有通过缴费才能获得领取养老金的福利，它是与政府提供的非缴费型福利相对应的。可以说，养老保险是提供养老金的一种方式，它关注的是一种过程，即通过保险的方式提供养老金，而养老金是一种结果，其表现形式还包括非缴费型制度等。

4. 基本养老保险

在对养老保险制度进行定义的基础上，本文对基本养老保险制度的内涵和外延将进行一定的解释。首先，基本养老保险制度是政府建立及推行

---

① 关于 pension 的定义见维基网，http://en.wikipedia.org/wiki/Pension，访问于 2012 年 12 月 6 日上午 10 点 35 分。

的，是政府对民众的保障政策，属于国家的公共政策。其次，基本养老保险属于一种社会保险制度，具备上述社会保险的各个特征。

具体到我国的基本养老保险制度，其主要分为两个部分：城镇职工基本养老保险和城乡居民基本养老保险，其中，在城镇职工基本养老保险制度方面，由于企业制度和机关事业单位分账运行，在分析过程中，该制度又可以分为城镇企业职工部分和机关事业单位部分。二者的财政补贴方式和补贴额度有所不同。

第四节　研究思路、方法和意义

一　研究思路

本文首先将对基本养老保险和财政之间的关系进行界定和分类，同时对二者之间的关系进行反思，这是本文的理论基础。其次，本文将对国外养老保险和财政之间互动关系的变迁进行梳理和研究，从而形成对我国的借鉴。再次，将对我国新型养老保险制度建立以来的财政投入和补贴情况进行全景式的总结和梳理，发现其特征以及存在的问题。凡事预则立，不预则废，只有在研究国外经验的基础上，结合我国的具体情况和问题进行分析，才能探寻未来的发展方向。最后，本文将对我国养老保险和财政今后的互动模式提出看法和观点。

在研究框架上，本文主要分为八章，第一章为绪论，对相关的研究背景和理论概念进行交代，对财政补贴养老保险的必要性和限度进行分析，并对社会保险、养老保险等关键概念进行重新界定。第二章是对养老保险与财政之间关系的理论分析，主要是基于不同养老保险模式对二者的关系进行理论分析。第三章是对西方国家公共养老保险与财政关系的历史发展和由来进行梳理，发现财政补贴养老金制度的循序渐进过程，其中主要是对当前世界上主要国家养老金和财政之间关系的模式进行分析。第四章是对我国养老保险制度的变迁和发展进行梳理，这是研究我国基本养老保险制度和财政关系的基础。第五章是对我国财政补贴养老保险的历史和现状进行分析，对养老保险不同发展阶段的财政补贴方式和补贴模式进行研究，并对其中存在的问题进行分析，从国际对比看，我国财政支出中的养老保险补贴水平相对较低，但在结构上仍有调整的空间，当前这种财政补贴模式无论是对养老保险，还是对财政来说都是存在不利影响的，一方面养老保险失去独立平衡发展的能力，另一方面财政在养老保险方面的支出挤占其他财政支出，不利于发挥财政的公共产品属性。第六章集中总结了我国形成当前财政补贴养老保险制度的原因，财政补贴养老保险制度具有客观必然性，尤其是在人口老龄化程度不断加深的背景下，财政承担的养老责任更大。除此之外，兜底式的财政补贴模式以及基本养老保险制度的自身结构问题也是导致财政补贴持续扩大的主要原因。第七章是对国外主要福利国家财政补贴养老金的总结，其中包括美国、英国、德国、日本和希腊。人口老龄化是基本养老保险制度未来必须面对的挑战，而私人养老金制度则是缓解养老保险财政压力的重要力量。第八章是对本书的总结，同时提出理顺基本养老保险制度与财政之间关系的对策。如处理好历史债务和现实补贴的问题，调整财政补贴养老保险方式的问题，推动建立多支柱养老保障体系，促进养老保险制度综合改革，等等。

二 研究方法

本文主要采用了以下研究方法：

对比分析法。我国养老保险制度处于初步发展阶段，属于"摸着石头过河"，国外有些国家的养老保险制度已经有上百年历史，它们的发展经验可以对我国形成一定的借鉴。特别是在制度与财政的互动方面，有些国家养老保险制度与财政的关系密切，有些国家养老保险制度与财政的关系疏远，我们可以进行对比研究，找出其中可借鉴的经验。

定性和定量相结合法。本文的定性分析是建立在一定的定量分析基础上的，包括纵向和横向数据的对比与分析，以及国外的发展数据，其数据来源包括各类统计年鉴、发展统计公报、外国政府和国际组织官方网站等。

案例分析法。从当前世界各国的情况看，基本养老保险制度类型更加多元化，从北欧到欧洲大陆，从美国到中国，各国的养老保险制度各有特征，本文试图对其中的几个制度进行研究和对比，以期发现其中的规律。

三　研究意义

1. 理论意义

通过研究养老保险制度的起源和变迁过程发现，财政与基本养老保险制度之间的密切关系并非天然的，而是通过较长的发展过程才形成当前基本养老保险制度对财政的严重依赖。在基本养老保险制度发展和变迁的过程中，该制度的保险性特征不断被忽视，福利性特征被无限放大，由此导致对财政的压力逐渐加大。基于此，我们应当重新反思基本养老保险与财政的关系，将二者的关系放置在基本养老保险与财政的本原属性中进行考虑。基于此，本文试图回归到基本养老保险与财政的本原属性，从理论上分析二者应该保持的关系，进而对当前制度运行中面临的问题进行反思，并思考未来改革发展的重点问题。

2. 实践意义

我国新型的城镇职工养老保险制度已经运行了 20 多年，由于一些历史原因，制度结余的较大部分来自财政补贴，这在制度较为年轻且人口老龄化程度仍有待加深的背景下，显示出较大的财务压力。我们分析养老保险与财政的关系，其目标是找出我国养老保险面临较大财政压力的原因，试图在保持制度稳定的基础上，通过对制度进行微调，实现制度的长期可持续发展，同时减轻对财政造成的压力。

第二章

基本养老保险制度与财政关系的理论分析

第一节　财政支持养老保险制度的原理

所谓制度，现代汉语词典将其定义为共同遵守的办事规程或行动准则，或者是在一定历史条件下形成的政治、经济、文化等方面的体系。根据这一定义，1601年《济贫法》中规定的对老年人的救助毫无疑问可以算作一种正式制度，而此前由政府不定时实行的老年保护、工会等组织对老年会员的保护、雇主对老年雇员的救助亦是可以看成非正式的养老金制度，本文在分析财政补贴养老金制度的原理时，也会提及上述养老安排。

财政不是一开始就补贴养老金制度的。在资本主义经济发展之前，老年人的保障问题主要由个人和家庭解决，此外，还包括一些非正式的家庭外救助，如慈善救助、商业保险以及非制度化的政府救助等，这一时期，财政对养老金的补贴基本上是空缺的或者零星的。进入资本主义经济发展时期，随着古典自由主义的兴起，财政开始承担起救助老年人的责任，但这一时期的救助是低水平的、自上而下的。除此之外，商业化的人寿保险在西方国家已经形成相当规模，对于保障老年人福利起到了巨大作用，不仅如此，由于政府在保障老年人福利方面的缺位，有些雇主建立起对退休雇员的职业养老金计划，但这些计划只能享受税收方面的优惠，财政没有直接补贴。之后，随着各国纷纷建立社会保险等制度，财政开始以一种规律性或者制度性的方式补贴养老金制度，通常表现为财政对养老金的供款责任、管理和监管责任等。第二次世界大战后，养老金制度在各国蓬勃发展起来，非缴费型制度向普惠型制度发展，缴费型制度中财政投入力度逐步加大，甚至形成养老金制度裹挟财政的现象，直接形成养老金对财政的巨大压力，重新理顺养老金和财政的关系或改革养老金以缓解财政压力成为各国关注的焦点。

一　传统养老保障方式存在的缺陷

之所以强调财政对养老金制度的干预，是因为传统养老保障方式具有不可克服的缺陷。

1. 个人和家庭保障的弱化与不足

在正式养老金制度出现以前，个人和家庭支撑起老年保障的主要责任，一方面，个人对自身的养老问题具有不可推卸的责任，通过年轻时的储蓄来支付老年时的生活具有一定的合理性；另一方面，家庭成员之间的相互扶持维系了人类几千年来的发展，在一些亚洲国家，子女赡养父母是天经地义的。但这些平衡有时会被打破。

首先，对未来期望不明确导致个人短视行为。要使个人在年轻时为年老时进行理性储蓄是很难的，特别是年轻一代所崇尚的"即时消费"理念，认为为老年储蓄将影响其当前消费所带来的效用，因此常常将退休储蓄计划视为降低效用的行为。不仅如此，即使个人清楚并愿意为其养老制定储蓄计划，但由于涉及的时间较长，个人可能会面临较多的问题，比如，选择何种类型的储蓄计划，储蓄计划如何克服通货膨胀的侵蚀，更重要的是，个人无法了解自身的预期寿命，自主储蓄养老的科学性不足，上述问题妨碍了人们对长期投资收益的积极性，并更加热衷于短期投资和消费行为，这使得自愿的个人养老保障的效率较低。

其次，家庭养老逐渐弱化。在传统农业社会，每个家庭都由三代或三代以上人口构成，家庭成员的相互扶助成为养老保障的主要形式，并且在较为落后的社会经济条件下，老年人一般可以劳动到其生命终止。但随着社会化大生产的展开，传统的大家庭模式逐渐瓦解，取而代之的是家庭的小型化和核心化，以美国为例，在1929年，一个美国家庭平均人口数为

4.15，而到了 2009 年，这一数字下降到了 2.7①。越来越多的年轻人远离父母工作和生活，这使得老年风险从个人风险、家庭风险扩展成为社会风险，并成为影响社会秩序的潜在威胁因素，作为消除社会不稳定的成本，建立正式化的养老保障制度成为政府的必然选择。

2. 保险市场失灵

作为市场的一个组成部分，保险市场在按照市场原则运行的同时，还包括了市场所固有的一些缺陷。此外，保险市场还具有自身的特点。

首先，保险市场所遵循的自愿原则与保险需求相冲突。众所周知，除了政府授权商业保险公司管理运营的某些保险项目外，一般的商业保险都采取自愿原则，这同样可能会遭遇个人的短视行为，个人可以自主决定是否参保以及参加哪些项目，再加上购买商业保险的成本较高，往往导致商业保险的覆盖面较低。但在保险需求方面，无论是老年风险，还是疾病风险等，每个社会成员都会遭遇，风险是普遍性的，这就与保险的自愿原则相违背，商业保险并不能实现风险的普遍保障。

其次，商业保险承保能力有限。一方面，对于大范围的社会风险，商业保险是无能为力的。以失业保险为例，当出现经济大萧条时，就会有大量失业人口出现，私人保险市场是不能有效供给保险的，并且失业保险体现出强烈的道德风险特征，保险供给效率不高。另一方面，商业保险公司自身的经营状况限制了承保能力，从根本上讲，商业保险公司是在一个较小的范围内分散风险，其运作的风险池可能不足以满足大数法则的要求，无法有效分散风险，并且如果保险公司经营不善，个人保险收益将会受到影响。另外，保险公司还受到外部通货膨胀和利率变动的影响。

最后，道德风险和逆向选择是保险市场失灵的主要诱因。所谓的道德风险，在保险市场中通常表现为以小额保险费谋取较高的保障水平，比如人们在购买疾病保险后就不再像没有保险时那样保护身体，对于此类风险，通常与投保人的人生观或道德观相联系，保险公司不易识别或识别成本较高。道德风险不是商业保险独有的，社会保险领域同样存在，道德风

① Scott Moody, Per Capita versus Per Household Personal Income Part Deux, in Tax & Spend, November 8, 2010. http://www.mainefreedomforum.com/per-capita-versus-per-household-personal-income-part-deux/。访问于 2012 年 12 月 12 日 15 点 22 分。

险在无形中导致保险的成本上升。逆向选择，一般是指保险公司一方对自己面临的风险或自身经营状况最为清楚，从而在保险过程中做出对自己最有利的选择。对于投保人来说，以疾病保险为例，身体健康状况差比身体状况好的人更倾向于投保，大量的高风险被集中，而由于信息不对称，保险公司无法辨别高风险者和低风险者，只能以提高费率的方式来克服这种逆向选择，于是导致更多低收入、疾病风险高的人被排除在商业保险之外，并形成恶性循环。对于保险公司一方来说，出于盈利的原因，他们更倾向于选择风险较低的投保人，比如，寿险一般不会出售给老年人，而老年人却是最需要保险的群体，这同样是逆向选择的表现。

综上所述，养老风险从个人风险转化为社会风险，再加上个人养老保障和市场养老保障所面临的一系列不可克服的缺陷，使得财政或政府进入这一领域成为必然。

二　财政补贴养老金领域是大势所趋

财政补贴养老金无论是对于政府实施的合法性还是对于养老金自身的发展都是有利的。

首先，财政补贴养老金是实现财政再分配职能并体现福利职责的重要手段。如前所述，财政的一个很重要的目标是对市场经济形成的收入分配格局予以调整，从而实现公平分配的目标。对于市场经济中的弱势群体和竞争失败者，财政有责任维持其基本生活水平并帮助其重新回到正常的竞争中，这也是维护人权的重要体现。财政实现收入再分配的直接手段包括财政转移支付和完善社会福利制度等，养老金制度就是较为明显的体现。对于由财政支持的非缴费型养老金制度来说，它是维持老年人基本收入和减少老年人贫困的重要保证，也是保障老年人人权和维护老年人尊严的有效手段，不仅如此，非缴费型养老金制度还有助于扩大养老金制度的覆盖面，进而实现完善社会福利体系的目标。对于缴费型养老金制度来说，财政支持亦是必不可少的，几乎在所有的国家，财政都承担起养老金制度的管理和监督责任，这一方面可以减少养老保险基金的不必要支出，同时集中的公共管理也可以实现规模经营，从而实现制度的高效运营。不仅如此，财政的直接投入成为多数国家养老保险制度正常运行的重要保证。

其次，财政补贴养老金是政府实施合法性的重要体现。自市场经济制度诞生后，福利就被赋予了弥补市场经济缺陷、矫正市场失灵的重要职责，也正因为如此，福利制度才被人们称为"灭火器"、"稳定器"和"缓冲剂"等，它所发挥的功效与政府维持社会秩序和社会安全的目标一致，鉴于此，英国于1601年颁布《济贫法》，德国于19世纪末建立起社会保险制度，福利制度越来越多地进入政府和财政领域。从一开始政府对养老金制度的"功利性"态度到后来的全面参与，养老金制度不再仅仅是一项福利保障制度，而更成为维持社会秩序稳定、缓冲社会矛盾的社会制度，它所发挥的功能和作用与政府的利益和目标高度一致。从根本上来讲，养老保险是政府利用保险机制来服务于自身社会经济利益的政策制度，虽然养老金是一项社会经济制度，但其越来越不能脱离政治范畴，各国政府高度重视养老金制度的建立与发展，并且随着人口老龄化进程的加快，财政与养老金制度的关系越来越密切。

最后，财政补贴对于养老金的可持续发展极为有利。根据大数法则，在保险制度中，投保人越多，个人负担的费用越低，管理成本越低，从而有助于保险制度的可持续发展。在养老保险领域，政府采取法律措施将社会成员纳入强制性养老保障范围内，实现了全社会范围内的互助共济，这对于养老金制度的发展是有利的。世界上没有任何一家商业保险公司能在如此大范围内实施保险计划。

第二节　财政补贴养老保险制度的方式

政府财政对公共养老金制度有着不可推卸的责任和义务，整体来讲，财政补贴公共养老金的方式有两大类：资金补贴和监管补贴。其中，资金补贴又可分为财政支付、税收优惠、承担管理成本和支付转型成本等；监管补贴可包括建立制度框架、实行预算管理、参与制度管理、承担监督职能等。

一　资金补贴

资金补贴，即财政对养老金制度的直接资金投入。各国实践表明，随着各国养老金制度的不断扩大与发展，财政成为多数国家维持养老金制度可持续发展的必要条件，当然，对于非缴费型养老金制度来说，财政负担全部支出是毋庸置疑的，此处主要讨论缴费型养老金制度，即养老保险制度。

1. 财政支付

财政支付是财政直接参与养老金的收支过程，具体可分为补贴责任和兜底责任。补贴责任的依据是国家的养老金预算，具体的缴费比例和方式取决于各国的制度，以德国为例，德国法定养老保险资金主要来源于雇员和雇主交费，除此之外，法定养老保险资金每年还从国家财政获得补贴，补贴金额大约占当年养老金总支出的 20%~30%[1]。

自《德皇诏书》将财政补贴列为养老保险收入的必要来源后，财政补贴成为德国养老金能够正常支付的重要保证。除了德国外，其他规定财政对养老保险进行补贴的国家还包括比利时、保加利亚、西班牙等欧洲国家。除了财政对养老金制度的补贴外，一些特殊情况下的缴费也可以列为财政对养老金的支持，如瑞典规定，在公民失业、伤残、抚育幼儿、接受高等教育和服兵役等期间，国家将通过财政为个人进行缴费补偿，2007年，瑞典中央政府因以上原因进行的财政缴费补偿额大约为 272 亿瑞典克朗，大约相当于当年整个养老金缴费收入的 11%[2]。

兜底责任是根据相关协议和制度规定，当养老保险计划待遇支付出现赤字时，由国家财政予以补贴并保证养老金的最终支付。如表 2-1 所示，2007 年，欧洲多数国家的养老金支出大于当年的养老金缴费收入，在此情况下，多数国家选择财政对此缺口进行弥补，如芬兰、希腊。兜底责任是大多数国家选择的财政支持养老金模式，体现了政府对养老金制度的最后担保责任[3]。

---

[1]　姚玲珍编著《德国社会保障制度》，上海人民出版社，2011，第 409 页。
[2]　Swedish Social Insurance Board, "The Swedish Pension System Annual Report", 2007.
[3]　以上两段中的国家选择主要参考 SSA, Social Security Programs Throughout the World: Europe, 2006。

表 2-1 2007 年部分欧洲国家公共养老金缴费收入、待遇支出及二者的
差额占当年 GDP 的比重

单位：%，百分点

	希腊	匈牙利	葡萄牙	西班牙	奥地利	德国	波兰	瑞典	意大利	芬兰	法国
收入	8.5	8.6	9.9	10.7	9	4.6	6.9	6.3	10.4	9.3	12.6
支出	11.7	10.9	11.4	8.4	12.8	4	11.6	9.5	14	10	13
差额	-3.2	-2.3	-1.5	2.3	-3.8	0.6	-4.7	-3.2	-3.6	-0.7	-0.4

资料来源：OECD calculations based on European Commission (2009), The 2009 Ageing Report: Economic and Budgetary Projections for the EU-27 Member States (2008-2060)。

2. 税收优惠

即根据相关税优制度，雇员和雇主在缴纳所得税之前先扣除养老保险缴费，并对养老基金的投资收益和养老金待遇实行免税或延期纳税的政策。通过该政策，政府损失一部分财政收入，其实这也是财政对养老金制度的间接投入，成为养老保险基金的重要来源。据统计，英国 55% 以上的养老保险筹资都是基于税收优惠政策的[①]。作为一种养老金激励政策，税收优惠主要运用在非强制性的企业年金或个人养老金方面，税收优惠一般发生在三个环节：缴纳所得税之前是否扣除缴费、投资运营阶段是否免除投资收益税、养老金领取阶段是否免交个人所得税。

3. 承担管理成本

除少数实行养老金私营化管理的国家外，大多数国家的养老金制度都是由公共政府部门进行管理，其中包括机构设置、相关工作人员报酬、制度运行中产生的费用都是由财政予以补贴，该部分财政支持与之后将要提到的管理补贴相关联，此处不再详述。

4. 支付转型成本

自 20 世纪 80 年代以来，面对现收现付型养老金制度不可持续的危机，一些国家开始了由现收现付制向基金积累制转型的过程，但在此过程中发生了对制度改革前工作期间的缴费欠债，如中国改革中的"老人"和"中人"的视同缴费，对于这部分欠债形成的养老金债务应该如何偿

① 楚廷勇、刘儒婷：《政府对养老金支付的责任研究》，《东北财经大学学报》2012 年第 5 期。

还成为多数国家改革的阻碍，特别是对于那些已经建立现收现付制养老金将近百年的欧洲国家，其转型成本更高。

如何化解转型成本成为改革国家必须考虑的问题。如智利，其转型成本问题就解决得较好，新制度运行也良好，而解决这一问题的关键正是财政。智利政府从两个方面对转型成本进行消化：第一，对于继续留在原体制下的参保人，即"老人"，由国家财政来支付其养老金；第二，对于改革前工作而改革后转入新制度的"中人"，他们改革前缴费积累形成的养老金权益由政府发行认购债券的方式来确认，这实际上也是由政府财政来确保养老金的发放。

毫无疑问，对于中国这样的改革国家来说，财政是解决转型成本的唯一途径，转型成本也是财政应该偿还的历史欠账。在计划经济体制下，国有企业的巨额利润和税收形成了国有资产，其中包括大量养老金缴费以各种直接或间接途径纳入财政，而创造这些财富的主角正是改革中的"老人"和"中人"，国有资产和财政应对此进行回应。国家应该在准确计算转型成本的基础上，建立正常的财政偿还机制，进而为新制度的运行创造良好的条件和空间。

二　监管补贴

除了直接的资金补贴外，财政对养老金制度的责任还表现在管理和监督上。在全世界一百多个建立养老金制度的国家中，几乎全部实现了财政对养老金制度的直接或间接监管。从最初的建立养老金制度，到之后的制度运营，再到最后的监督，都可以发现政府和财政的身影。毋庸置疑，只有政府才能建立起强制性的全民养老金制度，也只有财政的参与才能保证制度的有效性和福利性。

1. 建立制度框架，参与拟定养老金制度的发展规划

根据制度经济学的观点，制度就是规则，其目的是形成一种确定的可预见的行为准则，并避免个人的盲目和随意行为。当养老金制度正式进入法律和制度范畴后，养老金制度的性质、缴费率、待遇和覆盖面都应以法律的形式确定下来，从而避免个人和企业可能出现的随意行为以及机会主义行为，在此基础上，社会对于养老金制度的认识得以明确，制度的权威

性得以保证，从而使制度的运行有了稳定和可持续的未来。

不仅如此，也只有政府确立的制度才能反映公众的需要，也只有政府才拥有雄厚的经济能力来驾驭养老金制度的发展与改革。自 19 世纪末 20 世纪初以来，各国建立养老金制度的主体都是政府。世界上主要国家首次建立养老金制度的时间（年份）如表 2-2 所示。

表 2-2　世界上主要国家首次建立养老金制度的时间（年份）

国家	首次建立养老金制度的时间	国家	首次建立养老金制度的时间
欧洲地区		巴西	1923
德国	1889	智利	1924
丹麦	1891	加拿大	1927
荷兰	1901	美国	1935
奥地利	1906	秘鲁	1936
英国	1908	古巴	1963
法国	1910	亚太地区	
瑞典	1913	新西兰	1898
西班牙	1919	澳大利亚	1908
意大利	1919	日本	1941
俄罗斯	1922	中国	1951
波兰	1927	印度	1952
希腊	1934	新加坡	1953
葡萄牙	1935	韩国	1973
挪威	1936	非洲地区	
芬兰	1937	南非	1928
美洲地区		埃及	1950
阿根廷	1904	肯尼亚	1965

资料来源：SSA, Social Security Programs throughout the World: Africa, 2007, SSA Publication No. 13-11803, 2007; SSA, Social Security Programs throughout the World: Americas, 2007, SSA Publication No. 13-11804, 2008; SSA, Social Security Programs throughout the World: Asia and the Pacific, 2006, SSA Publication No. 13-11802, 2007; SSA, Social Security Programs throughout the World: Europe, 2006, SSA Publication No. 13-11801, 2006.

2. 实行预算管理

所谓养老金的预算管理，是指对养老金资金来源、基金运营以及待遇给付等方面进行明确的法律规定。李珍（2007）对社会保障预算进行了定义，她认为，社会保障预算是政府为了实现社会保障目标，根据有关法律法规编制的、反映社会保障收支规模、结构及变化的计划，是管理社会保障制度的有效工具，通过建立社会保障预算，政府财政可以准确掌握各项社会保障资金的支出管理情况。

具体到养老金领域，根据养老金制度与财政之间关系的不同，养老金预算管理可以分为三类：紧密结合型、独立预算型和半独立预算型。紧密结合型的预算管理是指将养老金预算完全纳入政府预算内，与政府其他的财政收支预算融为一体，养老金运营情况将不能独立反映出来，如养老金收入将被视为一般财政收入的组成部分，养老金支出也由国家财政预算负责，养老金收支和其他一般性财政收支混合，如非缴费型养老金制度。在缴费型养老金制度领域，采取这种模式的国家主要包括英国和北欧国家，这种模式的优点在于可以保证国民享有较高的福利水平，但其缺点是由于福利刚性特征的存在，通常会对财政造成较大的压力。独立预算型预算管理下的养老金收支完全与国家财政分离，国家往往在财政预算之外建立专门的养老金预算，养老基金盈余不得纳入财政，同理，当养老基金出现亏空时，财政不承担补亏职责，在此种模式下，财政对养老金的支持一般仅包括税收优惠和监督职责，养老金制度追求自我平衡和积累。半独立预算型预算管理是指养老金预算与财政既存在一定的联系又表现为相互独立的特征，在联系方面，财政在承担养老金制度的管理和监督职责外，通常还承担着养老金缴费的职责，最终还将会补贴养老金支付方面的亏空；在独立方面，虽然财政承担拨款责任，但养老金预算与政府的一般性财政预算相分离，养老金通常以专项基金的形式出现，基金实行专款专用，同时遵循一定的规律，如同独立预算型那样，养老基金结余不得弥补其他类型的国家财政赤字，世界上大多数国家的养老金制度实行这种半独立型的预算制度。

3. 参与制度管理

所谓参与制度管理包括对养老金制度运行的各环节以及养老基金的投资运营进行的管理。养老金制度的正常运行一般包括参保登记、缴费审核、缴纳保险费、缴费记录、待遇审核和支付等各个方面，各环节密不可分，贯穿于每个参保人的整个养老金过程。世界各国一般都建立其专门的公共机构参与上述过程和环节，如中国的社会保险事业管理中心、美国的社会保障署等。对于养老金制度运行中的结余，各国通常建立专门的机构对其进行管理，这些机构在确保基金不贬值的前提下通常要实现基金的增值，如中国人力资源和社会保障部下的社会保险基金监督司等。另外，美国社会保障署建立的老年遗属保险基金和伤残保险基金还对 OASDI 基金进行管理。不仅如此，各国还对养老基金的投资范围进行了严格的规定，如 2006 年，中国人力资源和社会保障部（当时还是劳动和社会保障部）发布 34 号令，规定"社会保险积累基金全部存入银行和购买国债，在国家做出新规定之前，一律不得进行其他投资"，美国也规定其社保基金只能购买联邦政府发行的国债。

4. 承担监督职能

财政对养老金制度的监督可以将上述财政补贴养老金的各种方式包括在内，如财政对养老金的资金投入是否与国民经济发展相适应，资金投入力度是否会对其他财政支出造成影响，是否会不利于养老金的长期持续发展；此外，养老金管理机构的投入经费是否合理，是否会影响养老金制度各环节的顺利运行；不仅如此，养老基金的财务管理和会计核算也要通过监督部门的审核。在养老基金投资方面，其投资活动是否符合国家的金融政策和养老基金投资特别需要遵循的规定，投资运营过程是否合法，投资收益收入是否应该全部纳入养老基金账户等，这些都需要财政支持下的监督。但当前存在的一个疑问是，政府部门是否能够同时承担"运动员"和"裁判员"的角色，是否应该建立第三方机构对政府的财政行为进行监督，这些都成为社会保险制度运行中的新问题。

第三节 养老保险——财政模式划分

世界各国的经验表明，养老金财务状况在世界各国的表现大不相同，由于养老金模式的不同，各国面临的制度财务压力以及对财政造成的影响大相径庭，其根本问题在于财政补贴养老金制度的方式和程度之间的差异。大体上看，养老金模式的划分方式分为多种，本文首先将针对缴费型和非缴费型制度之间的差异分析财政和养老金的关系，其次将从养老金收支模式的角度进行分析，之后，将根据具体实践，尝试对各国的具体情况进行分类。

一　根据缴费型制度与非缴费型制度划分

从字面上理解，缴费型制度与非缴费型制度的区别在于是否缴费。缴费型养老金制度是指养老金待遇的领取或养老金权益的获得要以受益人的缴费为前提，退休前没有缴费则不能在退休后领取养老金。在很大程度上，缴费型制度就是保险制度，无论是欧洲的现收现付制养老金、拉美和东欧地区的个人账户养老金、澳大利亚的超级年金，还是新加坡的中央公积金都属于该范畴。而非缴费型养老金制度一般是指政府向符合条件的老年人进行的现金转移支付，这里提到的条件不是缴费条件，而是居住条件或年龄条件，非缴费型养老金制度又可分为普惠型养老金制度和收入调查型养老金制度。美国社会保障署统计的全球 171 个实行强制性养老金制度的国家中，实行缴费型制度的国家有 164 个，而实行非缴费型制度的国家有 69 个，这些国家主要集中在欧洲和亚洲地区①。

在非缴费型制度方面，从制度特征来看，非缴费型养老金制度在消费上同时具备非竞争性和非排他性的特点，可以说属于纯公共产品范畴，这一公共产品的特征决定了它必须由政府来提供，才能实现效率原则；从制度运行来看，非缴费型养老金制度缺少缴费环节，因此，筹资的职责应当由政府来承担；从制度效果和意义看，非缴费型养老金制度主要是为了缓解老年贫困，维护老年人的人权和尊严，从而实现秩序稳定和社会和谐的目标，这与财政收入再分配的目标高度一致，因此，由财政支持非缴费型养老金制度是毋庸置疑的。在实践中，各国的非缴费型制度一般由政府建立，无论是普惠型养老金制度还是收入调查型养老金制度，财政都是唯一的资金来源，并同时负责制度的日常运营费用和监督管理费用。

就缴费型制度来说，它与财政的关系就较为复杂。首先，各国强制性的缴费型制度可能是由公共部门管理也可能是由私人部门管理，私人部门管理的养老金一般强调独立运营以及制度的自我平衡，如智利的个人账户

---

① 资料来源：SSA，Social Security Programs Throughout the World，2006.

养老金和澳大利亚的超级年金。在智利，财政参与第二支柱个人账户养老金的方式主要是强制雇员参加和制度监督等，在澳大利亚，为了鼓励个人加入第二支柱的超级年金计划，除了强制个人参加和制度监督外，政府的职责还包括为适合条件的人提供配比缴费，澳大利亚税务局文献显示，在2006~2007财政年度，为获取政府配比缴费，有120万人向超级年金额外缴费①。由此可见，财政对于私营养老金的支持将有助于制度的长期稳定发展。虽然财政对于私人养老金制度的补贴较少，但实行这些制度的国家一般建立有收入调查型的非缴费型养老金制度，从这一角度看，财政对于这种养老金体系的支持仍是较大的。

其次，对于公共部门管理的养老金制度本身来说，除了政府对财政补贴养老金的一些客观要求外，财政补贴养老金的程度主要是由养老金缴费和待遇之间的精算程度来决定。根据精算程度不同，可以将不同国家的养老金制度进行分类。在中央公积金制度中，个人退休后的养老金待遇完全取决于个人公积金账户中积累额大小，待遇完全和缴费相关，制度的精算程度最高，在一些国家的最低养老金制度中，退休待遇一般是固定的，该待遇的获取是以缴费为前提，但和缴费的多少没有必然的联系，国家财政一般会对该制度进行补贴，属于缴费型制度中精算程度较低的类型。精算程度越低，养老金制度与财政关系越密切。

通过总结缴费型与非缴费型养老金制度与财政的关系可以发现：第一，在不考虑外来制度干涉的情况下，养老金的精算程度越高，制度越能向自我平衡的方向发展，需要财政补贴的力度越低；第二，在加入某些外部干涉条件后，如美国规定财政不得干涉养老金制度，养老金只能通过自身平衡来实现长期发展，包括提高缴费率、降低养老金替代率等方式，这样亦能降低财政参与度；第三，缴费型养老金制度精算程度越高，越需要非缴费型养老金制度与之相配合，从整个养老金体系来看，提高缴费型制度精算程度的改革可能并不能真正降低财政对整体养老金体系的投入。

---

① Australian Taxation Office，Super Co‐Contributions Annual Report，1 July 2006－30 June 2007.

二　根据养老保险融资模式和给付模式划分

通常来讲，养老保险制度的融资模式一般包括三类：现收现付制、完全积累制和部分积累制，养老金给付模式包括待遇确定制（DB 型）和缴费确定制（DC 型）。结合融资模式和给付模式两个标准，可以将所有的养老保险制度划分为六大类：DB 型现收现付制养老金、DB 型完全积累制养老金、DB 型部分积累制养老金、DC 型现收现付制养老金、DC 型完全积累制养老金以及 DC 型部分积累制养老金。DB 型完全积累制养老金制度有时在一些企业年金制度中可以见到，如荷兰，但在公共养老金制度中极为少见，DC 型部分积累制养老金制度的典型是中国 20 世纪 90 年代改革中创立的大账户制度①，现在早已废除，此处对这两种制度不予以讨论，重点关注其余四种养老金模式与财政的关系。

1. DB 型现收现付制养老金

该类型的养老金制度为大多数传统福利国家所采用，如欧洲大陆国家，该制度的关键特征在于待遇确定，强调"以支定收"，并通过代与代之间的赡养来实现制度的持续发展。待遇确定再加上福利刚性的特征，使得养老金水平只能上升而不能降低，在"以支定收"方面，随着退休人口的增加，如果工作的一代情愿提高缴费水平来满足越来越多的养老金支出，则不存在任何问题，而每一代人都是谋求自身福利最大化的，提高缴费水平对于许多国家来说都是艰难的，于是出现养老金支付缺口，对于这个缺口如何弥补，除了对养老金制度进行改革外，财政补贴成为第一解决方案。也就是说，从理论上讲，随着人口老龄化的不断深化，DB 型现收现付制养老金将会对财政产生越来越多的依赖。

---

① 1995 年，国务院发布了《关于深化企业职工养老保险制度改革的通知》，通知中提出了两种养老保险实施办法：小账户办法和大账户办法。其中大账户办法规定，职工按本人工资的 8% 缴费，企业按照职工工资总额的 20% 缴费，企业为每个职工建立个人账户，个人账户按照职工工资收入的 16% 计入，其中包括 8% 的个人缴费，企业按个人缴费基数划转的 3%，企业按当地职工平均工资为基数划转的 5%，缴费满 15 年的个人退休后可领取的养老金为个人账户储存额除以 120。企业剩余的缴费部分纳入社会统筹，支付已退休人员的养老金。这种大账户办法实际上是针对中国养老金改革中转轨成本问题而提出的，并不具有普遍性特征。

2. DB 型部分积累制养老金

该类型养老金制度的典型代表是美国和改革后的一些欧洲国家。这些国家的制度从根本上依然属于现收现付制，但为了应对人口老龄化社会到来时的养老金支付危机，制度的管理者将剩余的养老基金结余累积起来，并进行投资运营。不像传统的现收现付制那样追求短期的财务平衡，部分积累制强调中长期的养老金收支平衡，制度在满足当期的待遇支付外，还要追求部分积累的目标。所以，即使是在人口和经济条件较好的时期，制度的缴费率水平可能依然维持在较高的水平，同理，由于制度已经有了一部分累积，因此可能对财政的依赖较小。

3. DC 型完全积累制养老金

这一制度的典型是中央公积金制度和实账式个人养老金制度，前者的代表国家是新加坡，后者的代表是拉美国家和东欧国家。该制度的最大特征是追求财务的自身平衡，参保人的养老金待遇完全取决于退休前的缴费，对于制度财务本身，财政不进行任何补贴，财政承担的一般只有管理和监督职责，有的国家还规定了为特定群体缴费的财政义务，但总体上讲，该类型的养老金制度和财政的关系不大。

4. DC 型现收现付制养老金

该类型养老金制度的代表是名义账户制。名义账户制将传统的现收现付制养老金改革为基金积累制，同时避免了改革可能出现的转型成本，因此受到了学术界的广泛关注。名义账户制的待遇给付模式是缴费确定制，参保人待遇和缴费密切相关，不仅如此，名义账户制还引入自动平衡机制对养老金财务进行调整，从而增强制度的自我平衡能力，从理论上保证了养老金制度独立于财政之外，并减少制度对财政造成的压力。但在实践中，由于制度运行采取了现收现付的融资方式，因此在实际操作中仍然存在财务不可持续的风险以及养老金待遇急剧下滑的风险。

总结以上四种养老金类型，如果按照对财政的依赖或可能对财政造成影响的大小进行排序，可以发现，DB 型现收现付制养老金>DC 型现收现付制养老金>DB 型部分积累制养老金>DC 型完全积累制养老金，这在一些国家的养老金改革中已经显现出来。

三 根据俾斯麦模式和贝弗里奇模式划分

俾斯麦模式起源于 19 世纪末的德国，贝弗里奇模式源于二战后的英国，从当前看，世界各国的养老金制度早已超越了这两种模式，向着更加多样化的方向发展，但仔细观察各国制度，其仍以这两种模式为主导。对比两种模式，首先，从融资模式上讲，二者都是现收现付制，并同时遵循缴费的保险原则，但俾斯麦模式中待遇一般与缴费相关联，而贝弗里奇模式强调统一缴费和统一待遇原则，待遇和缴费的关联不大。其次，在待遇水平方面，俾斯麦模式强调养老金对退休前工资的替代，并保证老年人在退休后仍能维持较为体面的生活，这在二战后德国、意大利、法国等国家养老金制度发展中尤为明显。贝弗里奇模式强调养老金对老年的基本保障，因此养老金水平一般比较低，通常需要其他类型的养老金计划进行补充。再次，在制度管理方面，俾斯麦模式强调养老金制度的分散化管理，通常以职业或行业区别进行划分，管理主体为雇员和雇主的联合组织，是对欧洲传统互助保险模式的继承，贝弗里奇模式强调制度的统一管理，管理主体一般为国家，养老金预算与政府财政预算通常混合管理。

这两种模式与财政的关系上，从理论上讲，俾斯麦模式强调待遇与缴费的关系，缴费水平比较高，因而对财政的依赖程度较小，而贝弗里奇模式在待遇和缴费的关系上较为模糊，并且养老金预算与财政预算混合管理，从而导致养老金制度对财政的依赖程度高，这在两种模式初建之时的确如此，俾斯麦模式的保险制度一开始对财政影响较小，且由于某些特殊情况，养老基金不断被挪用并承担财政职能，而在贝弗里奇模式中，从养老基金建立不久就开始对制度财务以及财政造成负担（具体见下文的英国情况）。但在之后的发展中，二者的情况有所不同。战后，大部分俾斯麦模式养老金从基金积累制转化为现收现付制，制度覆盖群体不断扩大，养老金待遇水平不断上升，因此这种模式实现了其维持老年人体面生活的目标。但制度的扩张给财政带来了压力，一方面，财政常规性补贴成为一些国家养老金制度正常运行的必要条件，如德国；另一方面，在碎片化制度的国家，财政通常承担起养老金的最终责任，且财政投入越来越多，如希腊和法国。总的来说，由于过于依赖单一的公共养老保险支柱，俾斯麦模式养老金制度对财政的依赖程度逐步上升。在贝弗里奇模式中，公共养老保险支柱维持了较低的待遇水平，导致养老金支出一直不高，并且在之后的养老金发展中，采取贝弗里奇模式的国家选择了不同于俾斯麦模式国家的改革路径，他们没有继续扩展公共养老金的范围，而是选择通过增加其他养老金支柱来提高老年人的生活水平，从而使得公共养老金支出一直维持在较低的水平，如表2-3所示。

表2-3　俾斯麦模式国家和贝弗里奇模式国家的养老金公共支出占GDP的比重

单位：%

模式	国家	1990	1995	2000	2004	2005	2006	2007
俾斯麦模式	德国	9.7	10.7	11.2	11.6	11.5	11.1	10.7
	法国	10.6	12.0	11.8	12.2	12.3	12.4	12.5
	希腊	9.9	9.6	10.7	11.1	11.7	11.8	11.9
贝弗里奇模式	英国	4.8	5.4	5.3	5.5	5.6	5.3	5.4
	瑞士	5.6	6.7	6.6	6.8	6.8	6.5	6.4
	丹麦	5.1	6.2	5.3	5.3	5.4	5.5	5.6

资料来源：OECD，"Pension expenditure"，in "OECD Factbook 2011 - 2012：Economic，Environmental and Social Statistics"，OECD Publishing，2011.

四　根据主要国家的养老金制度实践划分

从德国1889年建立养老保险和丹麦1891年建立非缴费型养老金制度至今，不少国家的养老金制度已经发生了天翻地覆的变化，养老金制度在整个福利制度甚至整个社会经济发展中的作用和地位与建立当初已经不可同日而语，当然，在这个过程中，养老金和财政的关系亦是发生了改变。在非缴费型养老金方面，该制度经历了从收入调查型到普惠型，之后再回到收入调查型的改革历程，但无论怎么变化，它与财政的关系始终如一，作为唯一的资金来源，财政支撑了非缴费型制度的建立与发展，非缴费型制度作为一个国家福利制度的最后安全网，亦是承担了财政在收入分配和维护人权等方面的职责，二者可谓是相互促进，相得益彰。

而缴费型养老保险制度与财政的关系较为复杂。当养老保险发展处于萌芽时期时，财政对该制度的支持极少，这与政府对建立社会保险制度所持有的功利性态度相关，亦是与当时混乱的社会环境分不开。第二次世界大战之后，西方各国开始重新审视福利制度对于社会经济发展的作用，无论是主动性的还是被动性的，财政对福利制度的支持和补助快速膨胀。这一方面得益于战后良好的经济和人口环境，另一方面与当时的社会主流思想密不可分。然而好景不长，20世纪70年代的经济危机打破了福利发展的美梦，福利刚性发展的特征给财政带来极大压力，在此情况下，是继续扩大财政投入还是进行福利改革成为多数国家面临的困境。从20世纪80年代开始，以英国撒切尔夫人改革为起点，欧洲养老金改革拉开大幕并持续至今；在大洋彼岸，智利的个人账户制度改革给养老金领域增添了新的色彩，学术界对于现收现付制和基金积累制的讨论增多。整体来看，在此次改革浪潮中，各国关注的重点在增强养老金制度的持续性、降低对财政的依赖性并使养老金制度重新回到自我平衡、自我独立的道路上。

从当前情况来看，各国养老金制度和财政的关系各有特色，有完全独立型的，也有依赖性极强的，还有保持正常机制的，本文试图对各国财政与养老金制度关系的现状予以分类。

（一）财政完全独立于养老金制度之外

完全独立型的财政与养老金制度的关系是指财政完全不参与养老金的收支过程，而仅仅在监管方面提供有限的帮助。这一关系类型的国家有：美国、智利和新加坡。

1. 美国

美国的养老金制度建立于1935年，被称为 OASDI（Old‒Age, Survivors and Disability Insurance，老年、遗属及残疾保险），即通常所说的社会保障制度。该制度实行现收现付制，由美国社会保障署（SSA）管理运营，经过几十年的发展，已经累积起相当可观的社保基金，该基金分别由老年遗属保险基金和残疾保险基金运营。在财政与养老金的关系上，无论是一开始的现收现付制还是后来的部分积累制，美国养老金制度的资金都是来源于雇员和雇主共同承担的工薪税，供款主体始终不包含政府，即便是养老金制度管理与经办体系的费用也是来自社会保障基金自身，而非一般税收。之所以财政拒绝补贴养老金制度，这是和美国所坚持的福利价值相关的：公共养老金政策的设置是为了保障老年人的基本生活水平，因此养老金待遇水平不能过高；政府没有义务为缴费型养老金制度供款，对于贫困老年人，政府有专门的社会救助制度予以扶持。因此，面对将来可能出现的养老金危机，美国政府领先欧洲传统福利国家采取了不一样的做法：首先，面对老年人口赡养比的不断攀升以及可能面临的养老金支付缺口，政府选择提高缴费率或缴费基数，而非开辟财政等其他资金途径，如图 2-1 所示，20 世纪 40 年代到 90 年代期间，美国社保缴费率一直处于上升水平。美国提高工薪税的目的并不是为了提高当期养老金水平，而是为了应对未来"婴儿潮"一代人退休时的养老金支付。其次，尽量减少养老金的支出，最显著的措施是提高法定退休年龄，例如从 2000 年开始到 2022 年，退休者领取全额养老金的年龄上升到 67 岁，同时鼓励有能力的退休者继续劳动，并提高其养老金水平。最后，通过发展企业年金和个人储蓄等私人养老金制度来提高退休人员的待遇水平，在此过程中，政府除了提供税收优惠外，还对基金管理者、投资者等进行严格约束，特别是对于 DB 型的私人养老金计划，针对可能出现的计划破产情况，政府建立了再担保机制，目前，以企业年金为代表的私人养老金制度已经成为美国养老金制度的主体，这也可以解释进入 21 世纪以来，美国公共养老金制度缴费率为何一直呈现稳定水平。

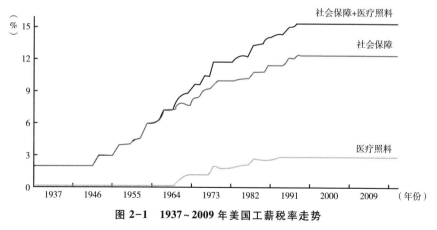

图 2-1　1937~2009 年美国工薪税率走势

资料来源：Tax Policy Center。

2. 智利

智利的个人账户养老金制度成立于 1981 年，为皮诺切特军政府上台后实行的养老金新政。皮诺切特认为，在任何一个经济体中，大多数社会成员最了解自己，他们都应该并且能够通过努力来合理地安排自己的收入与支出，并负责个人的生老病死，只有通过自己的安排才能在保证效率的同时增加个人的福利。因此，政府在设计本国的福利制度时，要保证个人的自由并尊重个人的选择，财政要直接面向确实贫困的群体，这样才能真正有效地利用社会资源。[①] 该制度的显著特点是强调自我平衡以及对财政的独立地位：制度为每个参保人建立独立的个人账户，养老金收入完全来源于雇员，雇主不用缴费，政府也不用进行任何补贴；成立私营的养老基金管理公司，负责养老金缴费、账户管理、基金投资运营和养老金待遇发放等；参保人可以自由选择养老基金公司，退休时可以将账户资产转化为年金或定期领取。通过以上举措的实施，个人负责和私营管理的养老金制度得以建立，同时保证了养老金制度在财务上的持续性，尽管从短期角度看，政府财政要承担巨额的转型成本，但从长期角度看，政府的财政负担将会下降。从当前制度运行情况来看，财政对智利养老金的补贴主要体现在监管方面，比如政府成立独立性很强的养老基金监管局，其主要职能是审批私营养老金计划的章程，对养老金进行法律、行政和财政方面的监督，同时对改进现行法律规定进行建议。除此之外，政府还对私营养老金的投资进行了严格的规定，一开始，私营养老金计划只能用于购买政府债券和金融机构发行的可抵押债券等固定收益类产品，后来才逐步扩展到企业债券、股票以及国外金融证券类产品。

3. 新加坡

在新加坡，养老金制度是中央公积金制度的一部分，和智利一样，中央公积金计划也属于养老金储蓄制度。在资金来源方面，中央公积金由雇员和雇主共同缴费，国家对一定数额以内的公积金缴费免税。20 世纪 80年代时，为了保证老年人老有所养，新加坡政府规定了公积金账户最低储存额的条款，当成员公积金账户余额低于最低存款要求时，通过最低填补储蓄计划，子女可以动用其公积金存款或现金填补其父母的账户，从而使

---

① 王凯涛、顾志明：《智利养老金制度的改革与启示》，《武汉科技大学学报》（社会科学版）2000 年 12 月第 2 卷第 4 期。

父母获得最低养老金保障。不仅如此，《中央公积金法案》还规定，在任何时候，如果公积金局不能按照法案支付，可以先由政府的"团结基金"（Consolidated Fund）支付，但公积金局应该尽快向政府归还借款额。从以上三个规定来看，在公积金资金来源方面，新加坡严格规定了公积金和财政的距离，即使是对于低收入的成员，新加坡也试图从家庭保障的角度去解决该问题，而不是由财政来解决。在管理方面，中央公积金由财政部下的中央公积金局管理，但仍保持和财政的距离，中央公积金局作为一个准金融机构，它从缴费、结算、储蓄、投资、支付等方面均成独立体系，法案也规定了公积金局所需要的全部费用包括审查公积金账户所需的费用都可以从公积金中支付。因此，它独立于新加坡政府财政之外，国家财政无权动用公积金，公积金储蓄大部分都投资于政府发行的债券并以政府实际持有的资产做担保，从而保证公积金利息收入的稳定性。

值得注意的是，此处和财政保持独立关系的养老金是这些国家的缴费型制度，在缴费型养老金之外，以上三个国家分别建立了较为完善的非缴费型制度，如智利的团结养老金计划，通过该计划，智利政府为没有养老金收入或养老金收入较少的老年人提供普遍养老金，从而降低了老年人的贫困发生率。在美国，为65岁及以上贫困老年人提供现金待遇的制度是补充性收入保障计划（SSI），该制度在缴费型养老金制度建立伊始就已存在。在新加坡，政府通过公共援助计划对年老而又无依无靠的公民按月发给生活津贴。

（二）财政为支持低收入者而进行的缴费

这种类型的财政支持主要表现为，对于没有能力向养老保险缴费的个人或群体，财政将为他们缴费。这种类型的财政国家主要有澳大利亚和瑞典。

1. 澳大利亚

澳大利亚是OECD组织中少数几个没有实行传统意义上社会保险制度的国家之一。1908年，澳大利亚建立了非缴费型的公共养老金计划，在此后的几十年里，澳大利亚一直奉行单一的养老金制度，直到1992年，澳大利亚才建立起强制的第二支柱职业年金计划，即通常所说的超级年金制度（superannuation），实际上这也是一种保险制度。在此，由于制度的强制性特征，本文将澳大利亚的超级年金制度与其他国家的社会保险制度并行提出。

在资金来源方面，国家对于个人缴费实行自愿原则，自愿缴费将受到鼓励，对于自雇者来说，可享受税收减免优惠的缴费额可达到5000澳元，超过这一限制的缴费额（无上限），只有75%的部分可享受税收优惠，对于雇主来说，需要为雇员缴纳工资的9%，每季度的最高缴费额可达到35240澳元，根据雇员年龄的不同，雇主可享受税收优惠上限的缴费额亦是不同的，如果雇员年龄小于35岁，可享受税收优惠的缴费额上限为每年15260澳元，如果雇员年龄大于50岁，这一上限可提高到105113澳元。财政在资金来源方面的责任仅限于为低收入者缴费，财政缴费为补贴对象缴费的1.5倍，每年最多可达到1500澳元[1]。在养老基金管理方面，分散的私营管理公司是主体，公共部门只承担监管职责。从制度运行来看，澳大利亚的超级年金制度实现了即使通过较少的财政补贴也能够达到扩大制度覆盖面的目标，到2007年，超级年金制度覆盖率达到90%以上，这与实行强制性年金制度前的50%的覆盖率形成了鲜明的对比[2]。

不仅如此，超级年金制度的建立还缓解了非缴费型养老金财务不可持续的压力，对财政产生了较为积极的影响。如前所述，建立超级年金制度后，养老金覆盖率迅速上升，年金的资产规模也不断扩大，其占GDP的比重由1996年的38%上升至2006年的98.8%[3]，不仅如此，超级年金在1997~2007年间的投资收益和运营成本也是较为理想的[4]，由于超级年金制度与非缴费型制度的互补性，未来，制度较高的收益将有助于缓解非缴费型养老金的财政压力

2. 瑞典

瑞典于1998年进行了养老金改革，在缴费型养老金制度方面，原有

---

[1]　SSA, Social Security Programs throughout the World: Asia and the Pacific, 2006.

[2]　Hazel Bateman, Australia's 'lost' superannuation (retirement saving) accounts, presentation at the 2008 General Assembly of the Japan Pension Research Council (JPRC), Friday 5th September 2008, p. 6.

[3]　APRA, Celebrating 10 years of superannuation data collection 1996-2006, Insight, Issue 2, 2007, p. 18.

[4]　Annual Superannuation Bulletin June 2007 (revised 10 March 2009), p. 35; APRA, Celebrating 10 years of superannuation data collection 1996-2006, Insight, Issue 2, 2007, p. 48.

的收入关联养老金（ATP）被分为两个部分"名义账户养老金（NDC）+实账账户养老金（FP）"。此次改革的重点包括以下几个方面：在资金来源上，旧制度的资金来源主要是雇员缴费和政府财政补贴，而新制度取消了财政补贴部分，同时增加了雇员缴费；在待遇支付上，缴费确定制取代了原来的待遇确定制，养老金待遇与缴费密切相关，不仅如此，在计算待遇时还将预期寿命和经济发展因素考虑在内，通过此举措可保证养老金制度能够对外部环境变化进行更为灵敏的调整；在制度财务上，通过引入自动平衡机制，维持财务独立和制度的可持续发展成为未来养老金发展的目标。经过此次改革，瑞典从理论上基本建立起与财政相互独立的缴费型养老金计划，从实际上看，旧制度下养老金的运行和累积也为此次脱离财政的改革奠定了基础，经过 20 世纪六七十年代的累积，ATP 计划在整体上是有盈余的，多余的基金被称为 AP 基金，在 1992 年，AP 基金占了 GDP 的 30%，但是到了 2001 年，这个比例降到了 22.4%，基金减少，一部分是由于 2000 年和 2001 年股票市场的低迷，但是这种基金减少的趋势仍然会持续下去，主要有两个原因：首先是部分 AP 基金用来支付制度转型成本；其次，AP 基金要支付新退休人员的养老金。更重要的是，随着 AP 基金的减少，新的积累制养老金制度的累积会逐渐增加，据估计，二三十年后就能超过 AP 基金①。

不仅如此，瑞典也规定了一些特殊情况下的缴费，如在失业、伤残、抚育幼儿、接受高等教育、服兵役等期间，国家将通过财政对此进行补偿，主要包括以下几种情况：第一，在失业、伤残、工伤期间，个人领取的福利津贴等收入将作为缴费基础，个人需缴纳收入的 7%，政府财政将承担雇主责任；第二，在抚育 4 岁以下儿童期间，因照看子女而失去收入时，女性一般可以获得全额补助，并按照其生育儿童前工作期间的全额收入来计算缴费补偿；第三，针对接受高等教育以及服兵役者，国家将以固定额的方式进行补偿，该标准将按社会平均工资增长率进行指数化。由此可见，虽然改革取消了正常性的财政补贴，但政府在特殊情况下的补贴还

---

① Karen M. Anderson, Pension Politics in Three Small States: Denmark, Sweden and the Netherlands, Canadian Journal of Sociology, Vol. 29, No. 2, Special Issue on Social Policy: Canadian and International Perspectives (Spring, 2004), pp. 289-312.

是比较多的。

在养老金财政补贴方面和瑞典、澳大利亚类似的国家还有芬兰和波兰，芬兰政府需要承担自雇者和农业劳动者的部分养老金支出，同时还要承担学生以及由于需要照顾3岁以下儿童而失去收入者的养老金缴费；波兰规定，对于需要照顾儿童而离开工作或领取怀孕津贴者、领取失业津贴和失业的毕业生，政府财政有义务为其缴费。

与财政独立型的制度类似，由于政府在缴费型制度方面的补贴较少，因此该类型中的国家在缴费型制度之外一般会建立较为完善的非缴费型制度。澳大利亚自不必说，其养老金体系的基础就是非缴费型制度，在其他三个国家，由于要预防缴费型养老金制度不足的情况，也纷纷由收入调查型的非缴费型养老金制度来补充。

3. 财政补贴型国家

所谓财政补贴型国家，是指财政对养老金的支持是正常性的并遵循一定规律。从本质上来讲，财政补贴型国家和之后要说的财政兜底型国家并不好区分，重点在于区分财政对养老金制度支持的程度。从当前欧洲各国的实践来看，无论是财政补贴型国家还是财政兜底型国家，其制度本源基本上都属于俾斯麦模式范畴，这种模式范畴强调雇员和雇主缴费，在养老金和国家的关系上，财政投入是养老金发展必不可少的部分，也就是合作主义模式所强调的三方合作。但是在之后的执行过程中，由于各国制度对财政投入的约束能力不强，往大的方面讲，由于各国社会、经济、文化背景的不同，有的国家通过改革严格执行了养老金的财政约束条件，而有的国家却因改革不利而使制度陷入财政的"黑洞"。本文区分财政补贴型国家和财政兜底型国家的主要根据是各国当前制度在财政—养老金关系方面的现状。

补贴型国家的代表是德国，德国是雇员、雇主和国家三方合作的代表。俾斯麦初建社会保险制度时就指出："在社会保险筹资方面，制度必须构建于国家的真正力量之上，但是，如果没有其他的资金来源，社会保险的目标不可能实现。"[1] 在这里，"国家的真正力量"指的是雇主和雇

---

① Ulrich Bauriedl, 100 years of German Social Insurance—Looking back on a century of self-managed social security, International Social Security Review, 1981, Volume 34, Issue 4.

员，强调了雇主和雇员缴费对于社会保险制度的决定性意义，而其他的资金来源则是国家财政，这就意味着财政对于社会保险目标的实现亦是不可或缺的。

在上述思想的指导下，德国建立了世界上第一个养老保险制度，但制度内容并非当前意义上的现收现付制。制度规定，收入达到一定标准的雇员和雇主必须同时缴费，制度实行基金积累制，当工人年满70周岁并且缴费超过30年时即可领取养老金，若失去就业能力也可以提前领取养老金。工人退休后，国家为每位养老金领取者提供每月50马克的补贴，对失去劳动能力者每月提供60马克补贴，这样工人缴费养老金加上国家补贴养老金，二者的替代率可达到33%~45%[1]。由此可见，这一时期的国家对养老金补贴不像现在这样是对制度的补贴，而是直接对个人的补贴，也可以这样说，德国1889~1957年间的养老金制度体系为"基金积累的缴费型制度+政府补贴的非缴费型制度"。1957~1977年是德国养老金制度从基金积累制向现收现付制转变的过程，这个阶段主要是通过基金的部分积累来实现制度的平衡，从1977年开始，制度开始通过缴费率和待遇水平的调整来实现养老金体系的自我完善。也是从1957年开始，德国财政不再补贴参保人，而是直接补贴给制度，如表2-4所示，自1960年开始，德国财政对法定养老金的补贴额呈现直线上升的态势，但补贴额占养老金总支出的比重却一直维持在20%~30%相对稳定的水平。从这一角度看，财政对德国养老金的补贴是遵循一定规律的，是有正常机制可循的。

表 2-4　1960~2000 年间财政对德国东西部法定养老金制度
补贴绝对额以及占总养老金支出的比重

单位：百万马克，%

德国东部									
年份	1991	1992	1993	1994	1995	1996	1997	1998	1999	2000
绝对额	7667	10199	11994	14916	17842	19788	21970	25679	31146	32258
比重	23.3	21.6	20.8	21.8	22.8	23.2	25.2	28.2	32.7	32.2

---

[1]　徐聪：《德国公共养老保险体制改革的经济学分析》，复旦大学博士学位论文，2008年4月15日，第27页。

续表

德国西部									
年份	1960	1965	1970	1975	1980	1985	1990	1991	1992	1993
绝对额	5764	8753	11361	20520	32235	37237	48114	53113	54870	57819
比重	27.3	25.9	20.0	20.4	21.8	20.6	20.9	21.5	21.2	21.9
年份	1994	1995	1996	1997	1998	1999	2000			
绝对额	64671	64694	67364	71669	81997	95008	102174			
比重	22.2	21.8	21.4	21.9	24.1	27.2	28.7			

注：1960~1990 年德国东部原始数据缺失。

资料来源：姚玲珍编著《德国社会保障制度》，上海人民出版社，2011，第 409~410 页。

在这种补贴机制下，在人口老龄化危机不断加深的情况下，德国养老金未来的出路将是自身的改革调整，或者提高缴费率，或者降低待遇水平，或者通过建立其他支柱养老金来弥补基础体系的不足。这也体现在德国 20 世纪 90 年代以来的改革中，如改革养老金待遇指数化方式、提高退休年龄并引入退休年龄对养老金待遇的精算调整、建立私人养老金等。

4. 财政兜底型国家

财政兜底型国家是指对于养老金支付中出现的缺口，财政予以全额弥补。其实，历史上财政兜底型国家的两个典型是苏联的全民保险制度和中国计划经济时期的劳动保险制度，但这两种制度和现在所指的财政兜底并不一样，前者是在计划经济背景下对统包统配经济模式的回应，是计划经济的应有之义。而当前的财政兜底则体现了养老金制度对财政的无限依赖，不断增加的养老金支出将对财政造成沉重压力，再加上福利的刚性特征，势必造成养老金制度和财政制度之间的恶性循环。从当前看，实行财政兜底型的国家一般也属于俾斯麦福利模式，如法国、意大利和希腊等国家。这些国家养老金制度的特点包括以下几个方面：养老金水平相对较高，养老金计算公式简洁，改革难以推动，只能通过财政来弥补不断扩大的养老金亏空，这些国家养老金表现的结果就是养老金公共支出不断扩大，并且占财政支出的比重不断上升，如表 2-5 所示。

表 2-5　1990~2007 年部分欧洲国家在老年和遗属养老金方面的
公共支出占 GDP 和财政支出的比重

单位：%

	占 GDP 的比重					占财政支出的比重	
	1990	1995	2000	2005	2007	1990	2007
比利时	9.1	9.4	8.9	9.0	8.9	17.4	18.3
丹麦	5.1	6.2	5.3	5.4	5.6	9.2	10.9
芬兰	7.3	8.8	7.7	8.4	8.3	15.1	17.5
法国	10.6	12.0	11.8	12.3	12.5	21.5	23.9
德国	9.0	10.7	11.2	11.5	10.7	—	24.5
希腊	9.9	9.6	10.7	11.7	11.9	—	26.3
意大利	10.1	11.3	13.6	14.0	14.1	19.1	29.4
卢森堡	8.2	8.8	7.5	7.2	6.5	21.6	18.1
荷兰	6.7	5.8	5.0	5.0	4.7	12.2	10.4
挪威	5.5	5.5	4.8	4.8	4.7	—	11.4
波兰	5.1	9.4	10.5	11.4	10.6	—	25.2
西班牙	7.9	9.0	8.6	8.1	8.0	—	20.5
瑞典	7.7	8.2	7.2	7.6	7.2	—	14.1
英国	4.8	5.4	5.3	5.6	5.4	11.6	12.0

资料来源：OECD, Pensions at a Glance 2011—Retirement-income Systems in OECD and G20 Countries, OECD Publishing, p155.

　　如表 2-5 所示，实行财政兜底型国家的养老金支出，无论是占 GDP 的比重还是占财政支出的比重，都是比较高的，如法国，1990 年养老金公共支出占 GDP 的比重已经达到 10.6%，之后更是呈现稳步上升的态势，在 2007 年达到 12.5%，17 年间养老金公共支出增加了 1.9 个百分点。在占财政支出的比重方面，法国亦居于高水平行列，1990 年占财政支出的比重仅次于卢森堡，为 21.5%，不同的是，在后来十几年的发展中，卢森堡占财政支出的比重减少了 3.5 个百分点，而法国依然一路上升，到 2007 年增加至 23.9%。相对于法国，希腊算是"后起之秀"，在养老金公共支出占 GDP 的比重方面要比法国增加得快，到了 2007 年，占财政支出的比重更是超过法国。至于意大利，养老金公共支出更是增加迅速，2007 年，无论是在占 GDP 的比重方面，还是在占财政支出的比重方面，都稳居欧洲第一位，政府要拿出将近财政的三分之一来补贴养老金制度。除了以上 3 个国家外，德国的养老金公共支出亦处于较高水平，但在 2005 ~ 2007 年，其养老金公共支出占 GDP 的比重呈现一定的下滑态势，这应该和德国的养老金改革有一定的关系。此外，在 2007 年，养老金公共支出占财政支出的比重和占 GDP 的比重都比较小的国家有丹麦、荷兰、挪威、英国和瑞典等国家。

总结财政补贴型和财政兜底型两种养老金制度，可以发现，实行这两种养老金制度的国家其非缴费型养老金制度都不太发达，德国法定养老金制度基本已经可以覆盖其全体公民，法国 65 岁及以上的老年人中，只有5% 的人领取非缴费型养老金制度待遇①，在希腊，非缴费型养老金制度亦是呈现出碎片化特征，一般只有那些拥有社会保险养老金的人才能享受该制度，并且在不同的社会保险计划之间也是千差万别的。不仅如此，该制度的保障水平也是极为有限的，以 2008 年为例，根据收入水平的不同，个人当年可领取的 EKAS 在 57.5 ~ 230 欧元不等，每月最高津贴不到 20 欧元，属于很低的水平②，这使得非缴费型养老金制度完全沦为低水平的社会救助角色。

---

① OECD：“Pension at a glance 2011—Retirement-income Systems in OECD and G20 countries”，OECD Publishing，p. 109.

② The Permanent Mission of Greece to the United Nations Office and other International Organization in Geneva's reply of Greek Government to the questionnaire on cash transfer programmes addressed to Goverments by the Independent Expert on the question of human rights and extreme poverty，Geneva，December 18th，2008.

第三章

西方国家公共养老保险与财政关系的变迁

在养老金领域，德国和丹麦是世界养老金制度的两大源头，前者开启了缴费型制度的先河，而后者则建立起非缴费型制度。在此之前，社会上已经存在一些可视作萌芽期养老保障的措施与手段。之后，欧洲各国开始建立社会保障制度，其中包括各种类型的养老保险，该阶段为养老金制度建立期。以第二次世界大战为分界点，世界各国掀起建立福利国家的高潮，在养老金方面，大量的非缴费型制度从收入调查型走向普惠型，养老金制度进入繁荣发展期。但经济危机削弱了福利制度繁荣的基础，各国进入养老金制度的改革和反思期，本章主要从四个阶段分析财政和养老金之间的关系。

第一节　养老保险制度的萌芽期：养老保险与财政的分离

郑功成（2000）对正式社会保障制度建立之前的保障方式进行了两个阶段的划分，第一阶段大体包括四个方面：一是宗教慈善，宗教的教义以及活动组织为贫困人口提供一定程度的救助；二是官方救助，其特点是由官方开展但尚未制度化，并且是以政府的实力和政治需要为基础；三是民间善举，主要是由民间人士自发举办的各种慈善活动；四是行业互助，这种方式大多起源于欧洲国家，可看作是未来缴费型制度的前身。总结以上四种保障方式，可以发现，它们大多是非经常性的救助方式，救助的范围和水平十分有限，虽然政府开始补贴，但并未以法律的形式固定下来，因此也被视为非正式的保障方式。第二阶段主要是济贫，其标志是英国的

《济贫法》，标志着政府开始以一种法律的、常规式的方式补贴社会保障制度。具体到养老金领域，萌芽时期的养老保障方式与上述框架极为类似，但也存在一些不一样的地方。具体而言，正式养老金制度建立之前，欧洲的养老保障模式主要包括以下几种类型：

第一，个人自主或家庭内部互助。自人类社会诞生那时起，个人自助或家庭成员内部的互助就成为人类社会赖以存在的前提和基础。传统个人主义观点认为，无论是从道德的角度还是从经济的角度，个人都主要应该依靠自己而非他人来获取生存资格。如果从个人的角度扩展至整个社会，那么整个社会的发展和进步也应该是依靠自主实践的发扬和光大，而非集体行为。这种观点深深影响了整个欧洲的福利进程，并成为各个国家出台福利政策的出发点。

第二，慈善保障。慈善救助是现代社会保障制度产生之前重要的保障方式，这在欧洲国家和地区更为显著。到 19 世纪末，英国慈善机构的收入有了较大的增加，这些收入主要来自个人捐款，一般要占到机构总收入的一半多。虽然慈善事业有了大幅进步，但从具体的实践来看，慈善机构对于个人的救助并不多，而主要集中在公共事业方面，其中主要用于教育、养老院、医院和疯人院等公共福利机构。1888 年，英国上院对慈善事业的调查显示，当年英国各类慈善事业的总支出为 205 万英镑，其中教育方面的支出为 77.9 万英镑，占慈善总支出的比重最大，医院方面的支出为 53.5 万英镑，养老金方面的支出为 23.7 万英镑，个人救助方面的支出为 19.4 万英镑，用于贫民院的支出为 15.7 万英镑等[①]。通过以上数据，我们依稀可以发现济贫制度的踪迹，慈善支出的方向与新济贫法制度中强调的"院内救济"类似，观察两种制度盛行的时间，大约都处于 19 世纪中期左右，都能反映当时英国社会的主流福利思想。

第三，团体互助。欧洲历史上很早就已经有通过互助的方式来解决贫困和其他个人问题的传统，如德国的"基尔特"，即手工业者互助基金会，英国也有类似的"友谊会"。这些行业互助行为对欧洲福利制度产生

---

① 丁建定：《从济贫到社会保险：英国现代社会保障制度的建立（1870—1914）》，《史学月刊》2002 年第 3 期。

了巨大的影响，并为以后社会保险制度的产生提供了经验和可资借鉴的样板。除了友谊会外，工会也可以看作是一种互助组织。一开始，工会和友谊会之间的界限很难确定，有的友谊会成员通常就是工会成员，而工会成员也往往是友谊会成员。发展至后来，由于在职能和发挥作用方面的不同，工会和友谊会之间出现了较大的区别。一般而言，工会的职能在于协调劳资之间的关系、争取较好的工作条件并维护工人的权益，而友谊会的职能通常体现在福利保障方面。及至后来，工会逐步发展成为工人开展政治活动的工具，但这并没有削弱工会在提供福利待遇方面的能力，"在 1912 年这个斗争最高峰的年份，有 100 个主要工会的 36.1% 的开支是用于罢工津贴的，在 1892~1901 年间，尽管有很多著名的罢工，但罢工支出占工会总支出的比重仅仅是 19.4%，并且在 1901~1910 年已经降至 10.7%，其他支出部分，有 27.2% 用于失业津贴，18.1% 用于疾病和工伤事故津贴，13.5% 用于退休津贴，9.7% 用于丧葬补贴，其他用于行政和一般开支"[①]。

第四，济贫养老。1601 年，英国颁布《济贫法》规定了对无劳动能力贫民的救助，其中包括对老年人的救助。但由于济贫开支的膨胀，1834 年，英国颁布《新济贫法》，"劣等处置"和"济贫院检验"原则被引入到制度内，在上述两大原则的指导下，英国济贫开支在新制度颁布初期的一段时间内确实有了一定程度的降低，但两个原则却遭到了公众的一致谴责，在实践中，英国政府当局不得不采取一些措施，如改善济贫院的状况，放宽院内救助的标准等，实际上，济贫开支依然呈现较为明显的增长势头。在济贫法框架下，英国养老保障也呈现"自主+济贫"的制度模式。一方面，这一时期的英国老年贫困问题愈演愈烈，据统计，1890 年，英国 60 岁及以上贫困老年人的数量为 286867 人，65 岁及以上老年人口的贫困发生率是 17.9%，到 1982 年，这一比重已经上升至 19.5%，到 1906 年，60 岁以上贫困老年人为 379902 人，贫困发生率为 14.8%~15.7%。虽然这一时期英国政府已经开始干预老年贫困问题，但这一时期英国社会的主流思想仍是个人负责精神，自助依然是老年人主要的养老保障。在这种情况下，老年人养老首先要依靠个人的收入，或者依赖自己的

---

① 〔英〕克拉潘：《现代英国经济史（下卷）》，姚曾廙译，商务印书馆，1977，第 327 页。

子女和亲友，但这种保障方式具有不稳定性和随意性，并非所有老年人都能拥有一笔稳定的收入或可利用的资产，也并非所有老年人都有子女和亲友可依靠，自助的方式并不能真正解决养老问题。在济贫制度下，许多无依无靠的老年人进入济贫院养老，据调查，在 1871～1911 年间，在济贫院的贫民中，65 岁及以上老年人的比重占到了四分之一以上，甚至超过三分之一①。鉴于济贫院内恶劣的环境，为了改善老年人的养老条件，在 19 世纪 90 年代，英国政府开始适当放松院外救助的条件并努力改善济贫院内的环境，1896 年，院外救助的范围扩大到值得救助的老年贫民。

总结这一时期的养老保障方式与财政的关系，除了济贫养老方式外，其他三种方式与财政的关系都不大，甚至是毫无关联：自助养老方式主要依靠个人或家庭的收入，如果要和财政相联系，其中可能发生作用的是个人所得税制度，毫无疑问，国家对个人所得税的征收将降低自助养老的能力；慈善养老的资金来源主要是个人捐款，其次是慈善机构自身经营取得的收入，但和财政几乎没有任何关联；对于互助性质的养老来说，各互助团体通过向成员征收会费并以保险的方式将成员的风险内化，在正式社会保险制度产生前，财政基本上是独立于这种互助模式之外的。

财政之所以对这一时期包括老年保障制度在内的整体福利制度补贴较少，是由当时盛行的财政理论和政府职能决定的。一方面，自由主义模式的财政理论占据主导地位，该理论强调"小财政"的观点，正如亚当·斯密指出的那样，财政的职责应该被限制在三个方面：一是设立公共行政机构，保护国家不受外来侵犯；二是维持社会秩序，保护个人不受他人侵害与压迫，建立司法机关保证公民权益；三是建立和维护那些私人部门无利可图的公共福利事业和公共设施。而现代意义上财政的其他职能，如收入分配制度并非财政关注的内容。另一方面，这一时期处于民族国家的形成期，开疆扩土是政府的首要目标，政府不会或者还没有意识通过建立所谓的福利制度来巩固自己的统治。不仅如此，这一时期还经历了资本主义生产方式的萌芽和扩展，资本积累是社会经济发展的主要目标，政府和财

---

① Doreen Collins, The Introduction of Old Age Pensions in Great Britain, The Historical Journal, Vol. 3, 1965, No. 2, pp. 247-248.

政活动自然要为这一目标服务，对于阻碍这一目标实现的行为，政府自然要进行改革，英国 1834 年新济贫法制度的颁布正是说明了这一问题。

第二节　养老保险制度的建立期：财政有限补贴养老保险

当时间走到 19 世纪末，由于萌芽时期养老保险制度的不足，各国开始纷纷考虑建立正式的国家养老金制度，这一过程持续到第二次世界大战之前。这一时期，新自由主义思想开始占据欧洲主流经济学思想。不同于传统自由主义者，新自由主义者重新认识和定位国家职能，同时强调国家对社会生活的干预。新自由主义思想的代表人物霍布豪斯主张国家应该采取措施来促进社会福利事业的发展，他认为，应该积极促进扩大政府在教育、抚养儿童、工人住宅、老弱病残照料以及促进就业等方面的责任。对于缓解贫困，他提出两种解决办法：首先是为个人提供可以脚踏实地工作的基础，这将是摆脱个人贫困的根本途径；其次是国家举办社会保险。从上述主张来看，新自由主义开始主张国家干预，但这种干预是有限度的，这使得这一时期欧洲各国建立福利制度时持有一种比较谨慎的态度。

从欧洲的养老金实践来看，养老金的两大源头分别在德国和丹麦，其中德国的社会保险制度是缴费型制度的代表，丹麦的收入调查型养老金是非缴费型制度的代表。在财政与养老金的关系方面，财政补贴养老金的功利性和有限性是这一时期的典型特征。

一　缴费型养老保险：财政谨慎补贴

不同于欧洲当前模式多样的缴费型养老金制度，在欧洲养老金制度初建时期，各国通常采用俾斯麦模式，德国自然是这一模式的开创者。

1. 建立缴费型制度的先锋——德国

首先，经济发展为德国建立养老保险制度提供了基础。在工业革命的带动下，19 世纪五六十年代的德国进入经济高速发展的时期，这一时期的工业生产以年均 7.5% 的速度增加，在 19 世纪后半期，德国用大约 30 年的时间完成了英国用 100 多年才能完成的工业革命，经济的发展为各种福利制度的展开奠定了基础。其次，互助及合作的历史传统使得德国选择了区别于济贫模式的福利制度。早在15世纪，德国采矿业中就出现了一些建立在互助基础上的保险组织，其目的是当其成员遭遇死亡、贫困等危机时提供救济和帮助，正是这种互助型的保障模式为日后德国社会保险制度的产生提供了丰富的经验。此外，合作主义传统也为德国建立三方负担的保险模式提供了思想基础，在德国，小到雇主和雇员之间的共同决策机制，大到国家层面的三方合作机制，无一不是体现了合作的精神。再次，工人运动的高涨是建立社会保险制度的催化剂。随着工人队伍的不断壮大，俾斯麦政府意识到，纯粹的铁血政策不可能完全解决工人问题，只有采取"胡萝卜加大棒"的方式，才能彻底解决工人运动的问题。最后，新历史学派为德国社会保险制度的产生提供了理论依据。该学派强调国家干预，并认为国家应当对社会经济生活担负起管理职责并促进福利事业的发展。德国养老保险的建立标志着国家开始以正式的法律手段解决老年保障问题，无论是制度本身的建制理念，还是制度产生的效果，德国养老保险制度的建立都具有划时代的历史意义。首先，制度建制理念超前，其中的缴费原则和保险原则都对后世产生了深远的影响，雇主、雇员和国家三方承担养老保险资金来源有助于将制度的责任进行合理分担，同时有助于制度的长期可持续发展；其次，养老金制度使得工人对国家的依赖加强，在维护经济稳定以及政治稳定方面都发挥了重大的作用，诚如俾斯麦所说的那样：一个期待养老金的人是最守本分的，也是最容易被统治的。

2. 其他效仿德国的国家

德国建立养老保险制度后，立刻成为其他国家模仿的对象，或者说，在其他国家缴费型养老金制度中都能发现德国的影子，如法国（1894年）、瑞典（1913）、意大利（1919）、西班牙（1919）、希腊（1934）、芬兰（1937）等国家。

法国最早的养老保险制度可以追溯至1673年的海员退休制度，其可以看作是现代"特殊制度"的雏形，随后在法国大革命时期，公务员养老金制度建立起来并逐步扩展至其他部门。1894年法国建立矿工退休制度，并做出了在工资总额中扣缴一定缴费比例的规定，因此被看作是法国历史上现代社会保险制度的开端。此外，法国在建立养老金体系中还不断对原有的职业保险进行整合，如1909年法国立法对一些铁路公司的养老金制度予以整合，强制性地建立了一个相对统一的铁路保险制度，但在这个相对统一的制度中，原来的各项保险计划仍保持有高度的自治权。不仅如此，即使 1945~1946 年改革确立现代法国社会保险制度之后，四大制度也是逐渐"附加"上去并最终形成了四足鼎立的格局，并且有些保障项目是后来设立的。于是，这种一个群体一个群体"贴上去"、一个项目一个项目"附加上去"，不得已而为之的"打补丁"办法最终形成了一种"碎片化"状态。

在北欧，这一地区的养老金制度一直被视为慷慨的典型，特别是在 20 世纪 80 年代，覆盖面广、待遇水平高是这些国家养老金制度的共同特征，但在制度建立初期，这些国家的制度远不是现在的情况。以芬兰为例，从 20 世纪 30 年代开始，人口老龄化问题开始困扰芬兰，这一时期 65 岁及以上老年人口占芬兰总人口的比重已经达到 7%[1]，老年人的养老保障需求日益成为社会关注的焦点。对于建立一个什么样的养老金制度，当时联合执政的社会民主党和农业党发生了争执，社会民主党主张为工薪阶层建立养老保险制度，而农业党主张建立覆盖所有芬兰人口的非缴费型制度，其理由是只为工薪阶层建立养老保险将使得大量农民和自雇者被排除在制度外。在农业占统治地位的背景下，社会民主党作出了妥协，同意建立面向全体人口的养老保障制度，但在融资方面依旧坚持了自己的缴费观点，主张新的养老金制度必须遵循保险原则，缴费来源主要是雇主和被保险人。在相互妥协的基础上，芬兰最终于 1937 年建立了全国第一个强制性意义上的养老金制度。

3. 这一时期缴费型制度与财政的关系

这一时期各国建立的缴费型制度在很大程度上都是对德国制度的模仿，因此具有较强的同质性，在制度类型上体现为俾斯麦模式。和之后的贝弗里奇模式相比，该模式的特点体现在以下几个方面：

首先，遵循三方负担的缴费模式。德国养老保险主要覆盖的对象是工人阶级，这就决定该制度已经拥有的相对较为稳定的资金来源，雇员和雇

---

[1]　Kari Salminent, Pension Schemes in the Making—A Comparative Study of the Scandinavian Countries, Central Pension Security Institute, 1993.

主缴费被视为养老金制度的根基。此外，国家还规定了财政对养老金制度的补贴，并认为如果没有财政的补贴，养老金制度不可能正常运行下去，这标志着首次以法律的方式将财政对缴费型养老金制度的补贴确定下来，三方合作的精神在这个制度中表现得淋漓尽致。比如瑞典的缴费型养老金制度规定，个人每年需要缴纳 3 克朗，对于年收入超过 600 克朗者，还应该缴纳补充性费用，补充性缴费依据个人收入从 2 克朗到 30 克朗不等，中央和地方政府也对养老保险进行补贴，前者承担补贴费用的 3/4，后者承担 1/4①。财政参与养老保险制度是必要的，但需要持一种谨慎的态度，财政不能补贴太多，否则对于财政和养老保险制度两方来说都是不利的，这在后来法国和希腊养老金制度中得到了证实。作为同样选择俾斯麦模式的国家，法国和希腊制度对于"三方合作"精神的贯彻出现了偏差，有时更强调三方的对立而非合作，这对于需要合作的俾斯麦制度来说，何尝不是一种损害。

其次，选择基金积累型的保险模式。欧洲缴费型养老金制度一开始的融资模式并非我们现在所熟悉的现收现付型制度，而属于基金积累制。基金积累制的选择在当时是具有一定的历史必然性的：对于德国建立的养老金制度，从很大程度上可以看作是为工人提供了对养老金的期许，而非实实在在的福利，这在工人领取养老金的年龄中可以看出。不仅如此，追随于当时经济发展的目标，国家需要一笔资金来发展经济，而积累型养老金制度的建立正是为这种目标提供了便利。由此可见，建立基金积累制的养老金制度无论是在满足国家安抚民众情绪上，还是在为国家经济发展提供资金支持上，可谓是一箭双雕。

再次，养老金制度属于分散自治管理模式，不与政府财政预算混淆，呈现独立性特征，这与制度建立是与保守主义政党主张"避免由政府控制大规模的缴费型养老金制度"的观点相关的。在实践中，以德国为例，德国负责法定养老保险制度的机构共有 27 个，分别负责不同群体，如工人、农民、海员、铁路工人的保险制度运行，虽然养老保险在管理上呈现分散的特征，但在制度规定方面是统一的，如工人和农民的缴费率和待遇

---

① "Old-age pension in Sweden, 1934", Monthly Labor Review, Mar. 1936, 42.

水平的计算方式是一样的。只有特殊行业的规定有所不同，如采矿业。在具体管理上，各养老金计划的管理主体一般是由雇员和雇主代表组成的管理委员会，实行自治管理，该委员会不附属于政府，拥有独立的法律地位和制度管理权利，政府在养老金制度中所承担的职能包括定期的财政补贴、确定立法和监督制度等职责，这种自治管理的形成与德国的互助传统以及工会的强大是密不可分的。

最后，待遇水平一般比较低。其实，待遇水平低本不是俾斯麦模式的原本特征，对于俾斯麦模式来说，养老金制度提供的待遇应当能使退休人员的生活状况维持在退休之前的水平，它强调生活维持而非保障最低生活水平，养老金一般为退休前工资收入的一定比例，再分配的力度较低。在实践中，由于制度初建且政府并未把这一时期的制度真正看作提高国民福利的手段，因此，这一时期的养老金待遇水平一般较低。在德国，1889 年养老金制度规定，当工人年满 70 周岁，并且缴费年限超过 30 年时，才能领取养老金，但我们不要忘了，当时德国人的平均预期寿命只有 45 周岁，于是，养老金几乎成为空头保障。在瑞典，到 1934 年，在 15~66 岁的劳动年龄群体中，大约有 93.3% 的人口参加了养老保险制度，领取养老金者大约为 78435 人[1]。尽管当时的养老金制度覆盖了大部分的老年人，但从待遇上看，这一时期的养老金水平并不高。在 1921 年，瑞典保险型的养老金仅占工人平均工资的 0.003%，1926 年上升为 0.006%，直到 1936 年，这一比重也仅仅为 0.009%。相对来说，非缴费型养老金水平就要高很多了，1921 年、1926 年和 1936 年占工人工资的比重分别为 8.8%、16.4% 和 16.2%[2]。

二　非缴费型制度：济贫模式的延续

当缴费型养老金制度在各欧洲国家如火如荼建立之时，正式的非缴费型养老金制度也开始崭露头角，成为欧洲养老金的另一大源头。从整体上看，主导这一时期非缴费型养老金制度建立的因素有两个：一是对传统济贫制度的路径依赖导致部分国家在建立正式养老金制度时依然保留了这个传统；二

---

① "Old-age pension in Sweden, 1934", Monthly Labor Review, Mar. 1936, 42.

② Tommy Bengtsson, Population, Economy and Welfare State, 1994, Berlin, pp. 110-111.

是由于缴费型养老金制度待遇水平较为低下，不足以保障老年人的最低生活水平，在此情况下，国家不得不对老年人进行财政补贴，由此推动了非缴费型养老金制度的建立。由于非缴费型养老金制度涉及的面比较广，又有财政的大规模补贴，不同的政党和社会团体对此褒贬不一，在不同力量的角逐下，非缴费型养老金制度在欧洲一些国家艰难地建立起来。除了一些明确建立非缴费型养老金制度的国家，如丹麦、英国等国家，一些国家实际上也为其社会成员提供了类似的非缴费型津贴，一般属于补缺性质的。如德国在正式养老保险之外，国家还对低收入的养老金领取者提供补贴，瑞典在建立保险制度时还为有需要的老年人提供救助养老金，这些制度一般是缴费型养老金的附属，此处不再一一提及。

1. 丹麦

19 世纪七八十年代，丹麦遭遇严重的农业危机①，产生了庞大的农业无产阶级，越来越多的人需要接受救助，但是在济贫制度每况愈下的背景下，这种救助水平自然很低，同时，社会主义言论开始在农村无产者之间传播。为了消除社会主义言论和抑制社会主义倾向，保守党和农业自由党首先提议建立非缴费型的、税收支撑的养老金计划，并在 1891 年获得通过。该计划强调严格的收入调查，实际上是将老年保障从原有的济贫制度中分离出来，也将原来农村的济贫负担转移到城市工人阶层和小资产阶级的身上。1891 年的养老金制度是丹麦社会福利模式发展的里程碑，它标志着老年保障正式成为公民的一项权利，虽然仍然是济贫性质的，但却为以后的普惠型养老金制度的发展奠定了基础，也成为其他北欧国家制定养老金制度的模板。

就丹麦养老金制度的起源看，它深深地印上了丹麦农业社会的传统，特别反映了小农经济占统治地位的历史背景。这一传统和历史背景使得丹麦的养老金制度不可能选择德国的保险模式，而只能选择能够将农民阶层覆盖在内的非缴费型制度，可以说，农业经济主导了丹麦养老金制度的开始，即使是在后来建立 ATP 养老金时，从保护农民阶层的角度出发，丹麦只能建立低水平的制度。另一个主导丹麦非缴费型养老金制度发展的因素是济贫传

①　由于本国谷物的过度生产以及美国廉价谷物的进入，丹麦传统的谷物出口遭到冲击。与此同时，由于农民的合作运动，丹麦的第一次工业化在农村开始进行，这些都产生了大量的农业无产者。

统，实际上，丹麦1891年建立的养老金制度只是将老年保障从原有的济贫制度中剥离出来，使之成为一个独立的制度，济贫传统影响了养老金制度的建立和发展，使得丹麦的非缴费型养老金制度在通向普惠型的道路上发展极为缓慢，直到1970年，丹麦才真正结束基础养老金中的收入调查因素。

2. 英国

在通过1908年养老金法案之前，英国国内对实行什么样的养老金制度曾进行了长期的讨论，其中最著名的方案有两个：1878年坎农·布莱克利的方案和1891年查理斯·布斯的方案。布莱克利的方案主张建立缴费型的养老金制度，该制度的资金来源是18~21岁人口的工资扣除，当这部分人口超过70岁后，每周付其4先令的养老金，在70岁之前，如果参保人患病，则要每周付给8先令的疾病待遇，布莱克利希望用这种缴费型的制度来取代原来的济贫制度，以此来消除人们由于领取免费福利待遇而产生的懒惰思想。不同于布莱克利，查理斯·布斯在1891年提出了非缴费型养老金制度的设计，他通过对贫困问题的调查，认为必须给老年人提供一种能够有效减少贫困的养老金制度，而普惠型的、由国家提供的非缴费型养老金制度正是解决这一问题的有效途径，不足的是，这种养老金制度可能要耗费巨大的国家财政支出。两种养老金方案提出后，立即在英国社会引起了强烈的反响，各种组织和个人都在养老金制度的选择上展开了争论，出于自身利益的考虑，相互之间的分歧很大，其焦点主要集中在是否缴费的问题上。在不同政党和组织的角逐下，1908年，英国建立的第一个专门的养老金制度，属于非缴费型制度，其中规定，任何70岁以上的老年人只要符合法律规定的条件就可以领取养老金，养老金待遇依据领取人的收入而定，从每周1先令到每周5先令不等，制度实施后，英国养老金领取人数不断上升，由1909年的46.4万人升至1914年的78.2万人[1]，与此同时，老年贫困问题在一定程度上得到缓解，在1909年到1913年间，70岁以上贫困老年人的比重下降了74.8个百分点[2]。

---

① Paul Johnson, Self-help versus State Help: Old Age Pensions and Personal Savings in Great Braitain, 1906-1937, Explorations in Economic History, 1984, No. 21, p. 341.

② Doreen Collins, The Introduction of the Old Age Pension in Great Britain, The Historical Journal, 1965（2）：259.

由于非缴费型养老金制度给财政带来的压力越来越大，英国开始考虑建立缴费型福利制度。1925 年，英国颁布《寡妇、孤儿、老年人缴费养老金法》，根据该法，雇员和雇主每周需同时缴纳养老金费用，其中男性雇员缴费标准要高于女性雇员，与此同时，新制度的领取养老金年龄资格降低，养老金制度覆盖面扩大，待遇标准提高，在原有的老年养老金之外，还增加了遗属养老金待遇。1925 年养老金改革的最大贡献在于实现了养老金制度中权利与义务的对应，从而使得英国养老金制度开始真正具有现代社会保险的特质。在此后的几年中，英国政府又对缴费型养老金进行了修改和完善，越来越多的老年人受到保障，到 1937 年，英国领取养老金的人数达到 254 万多人，养老金制度覆盖率达到 67.7%，养老金支出也达到 4295 万英镑①。值得注意的是，此时的缴费型养老金还不是收入关联型制度，在很大程度上只是一种较低水平的、待遇相对统一的、面向全体国民的普惠型制度，事实上，这种制度也是和后来的《贝弗里奇报告》甚至当前的养老金制度一脉相承的："任何一项国家保险制度的功能都不是要取代任何形式的节俭。"②

3. 这一时期非缴费型制度的特征

相对于缴费型制度的建立，非缴费型制度的建立历程有些艰难，可以说，任何一个将非缴费型制度作为单一养老金制度的国家都是有魄力的。不同于缴费型制度中的多方负担，该制度需要国家的全力支持，因此对财政造成的压力也是巨大的，鉴于此，该制度在运行中多采取收入调查型模式，申请人是否能够领取养老金需要经历严格的收入审查程序。如英国规定申请人领取养老金必须具备以下特征：第一，申请者必须年满 70 周岁；第二，满足一定的居住条件，作为英国公民已经在英国居住至少 20 年；第三，申请人必须证明自己的年收入不得多于 31 英镑 10 先令。除了这些苛刻的申领条件外，制度还规定了申领人失去养老金资格的众多条件，比如，如果申请人在可以领取养老金之前，有能力但未能努力养活自己及其

---

① Paul Johnson, Self-help versus State Help: Old Age Pensions and Personal Savings in Great Braitain, 1906-1937, Explorations in Economic History, 1984, No. 21, p. 341.

② Eric Hopkins, A Social History of the English Working Class, 1815-1945, Amold, 1984, p. 238.

家人，其养老金领取资格自动丧失。这些苛刻条件的存在是有一定道理的，如若不规定上述条件，则极有可能发生养老金欺诈行为，从而导致政府财政在养老金支出方面出现不可控的现象。

三　这一时期财政补贴养老金的特征

相对于养老金萌芽时期，这一时期的财政已经开始补贴养老金并逐步深入，虽然在财政投入方面不可与后来的情况同日而语，但财政确确实实已经作为一种主导的力量干预养老金制度，并体现出以下特点：

1. 这一时期的财政补贴和养老金发展都是较为谨慎的

从这一时期的各国养老金制度结构来看，缴费型制度主要是基金积累制，根据前面的分析，由于基金积累制追求精算中性，参保人待遇主要由缴费决定，因此从理论上保证了制度与财政的分离，且这一时期的制度整体规模较小，更是将制度对财政的依赖降到了最低程度。从另一个角度看，即使是有财政投入，财政投入的国家一般也是建立了财政的正常投入机制，而不是财政的无限投入，财政不能不补贴，但也不能越矩。此外，前面提到，这一时期的缴费型制度仅仅是象征意义的，待遇水平极低，财政无须投入过多。鉴于缴费型制度待遇低，在如何保障老年人的基本生活方面，欧洲国家宁愿在缴费型制度之外建立低水平的非缴费型制度，也不选择加大财政对缴费型制度的投入，这就使得缴费型制度保持了较为独立的地位。

2. 政府对福利制度的怀柔特征使得财政补贴养老金更具有功利性

从德国社会保险制度建立过程中发现，抵制工人运动和安抚公众情绪是德国率先建立保险制度的直接原因，如果没有工人运动这一催化剂，德国社会保险的建立还要晚许多年。从这一角度看，社会保险是政府维护其统治秩序的工具，或者说是一种怀柔术，正如俾斯麦所说的那样："对抗社会主义的目的并不仅仅在于压制社会民主势力，更重要的是要积极促进劳动者的福利……，伤残和养老保险是削弱革命的投资……，一个期待养老金的人是最守本分的，也是最容易被驯服的……"在这种理念指导下建立的养老金制度自然是为政府统治目标服务的，作为服从于政府目标的财政，其对养老金的补贴亦是呈现功利性特征。

3. 单独依靠非缴费型养老金制度将加大财政负担

由于非缴费型养老金制度中权利和义务的不对等特质，养老金领取变得极为容易，养老金支出面临无限扩大的风险，即使是收入调查型制度，收入审查环节的存在，也加大了养老金发放的成本与难度，这在英国 1908 年养老金制度中表现得较为明显。1908 年法案规定，养老金制度的资金来源为财政。由此给政府带来难以承担的财政压力，1914 年，英国政府用于养老金制度的财政支出达到 970 万英镑，到 1919 年，这一支出达到 1800 万英镑，1922 年为 2530 万英镑，1927 年为 2700 万英镑，就连工党政府的财政大臣斯诺登也认为，非缴费型养老金制度所需要付出的财政代价在目前的条件下是极其高昂的[①]。虽然养老金支出较大，但其制度效果并非如此理想，老年人的生活依然艰难，并且由于非缴费的特点，政府不得不加大对养老金资格的审查力度，从而尽量降低养老金支出。在此情况下，面对不断加重的财政压力以及每况愈下的保障效果，英国养老金改革迫在眉睫。

第三节　养老保险制度的繁荣期：财政积极补贴养老保险

一般来说，学术界通常将第二次世界大战结束到 20 世纪 70 年代之间这一阶段定义为西方福利发展的黄金期，也可以看成是欧洲养老金制度的发展和繁荣期。这一时期的养老金改革主要表现在以下几个方面：其一，非缴费型养老金制度从收入调查型向普惠型转变，并成为养老金体系中的基础部分；其二，缴费型养老金制度从基金积累制向现收现付制转型，大规模的收入关联型养老金计划普遍建立起来，但在此过程中，俾斯麦模式下的制度开始出现分化；其三，俾斯麦模式不再一枝独秀，贝弗里奇模式异军突起；第四，私人养老金开始受到重视，多支柱型的养老金体系初现端倪。

一　非缴费型养老金制度从收入调查型走向普惠型

从战后发展情况来看，非缴费型养老金制度主要在北欧地区兴盛繁荣

---

① David Black, Pension Scheme and Pension Fund in the United Kingdom, Oxford, 1995, p. 9.

起来，而在欧洲大陆国家，扩充缴费型养老金制度是其养老金发展的重点。二战后，北欧各国的左翼政党力量得到进一步加强，在丹麦和瑞典，社会民主党承诺国家要对所有的国民福利承担全部公共责任。1945 年，挪威所有政党都同意战后实施一项福利政策，即"Folketrygd"计划，该计划代表了四个北欧国家社会政策思想的特征：消除对社会救助的需求，对所有人提供一个可接受的基本收入标准，保障所有人获得公平的待遇，重点关注公平，持续推进充分就业等。在这种背景下，以持续稳定增长的经济为基础，北欧福利制度迎来了 20 多年的黄金发展期。这一时期北欧各国将福利改革的目标确定为"统一的全民共享"和"保障公民社会权利"，为了实现上述目标，北欧各国采取了和其他欧洲国家不一样的福利措施，即建立全民共享、非缴费、统一的福利制度①。在这种情况下，北欧国家的非缴费型养老金制度从原来的收入调查型逐步向普惠型转变。

1. 丹麦

虽然说 1891 年的养老金制度具有里程碑的意义，但是由于它的济贫性质，如申请养老金之前的 10 年内不得领取其他救助待遇，有人认为这种济贫方式带有羞辱性意味（Abrahamson 和 Wehner，2003），遭到了大家的诟病，再加上当时不断出现的劳工运动，执政党于 1922 年对养老金制度进行了修改，虽然保留了制度的收入调查因素，但去除了制度中的济贫因素，使得公民领取养老金相对容易，同时提高了养老金水平。第二次世界大战之后，贝弗里奇模式扩展到北欧，其中的普遍性原则更是影响了北欧各国养老金制度发展的走向，瑞典、挪威和芬兰纷纷抛弃了原有养老金制度中的选择性原则，并将以居民资格为基础的制度扩展到全体公民。在丹麦，社会民主党提出建立以居民资格为基础的普惠型养老金制度，但遭到了农业自由党和保守党的反对，在社会福利领域，丹麦社会民主党不幸要面对农业自由党的有力竞争，使得丹麦的社会政策同时混合了社会民主原则和自由价值。因此，在社会民主党相对弱势的背景下，丹麦于 1956年将非缴费型养老金的享受资格扩展到了全民，但是领取养老金时仍要接受收入调查，在此基础上社会民主党还不得不接受慷慨的私人养老金税收

---

① 其他欧洲国家的主要做法是扩大原有福利制度特别是社会保险制度的覆盖面。

优惠。无论水平高低，但毕竟标志着丹麦在普惠型养老金制度上迈出了关键的步伐。

1964 年丹麦社会民主党建立瑞典式 ATP 养老金制度的失败对非缴费型养老金制度的发展却起到了推动作用。面对社会民主党的提议，农业自由党和保守党认为大规模的收入关联型养老金计划由政府管理会带来中央集权，它们只能接受小规模的 ATP 养老金，经过补充以使非缴费型养老金水平提高。经过这次改革，丹麦的非缴费型养老金开始分化为两个部分：基础养老金和补充养老金，后者仍是收入调查型的。从 1964 年开始，基础养老金的给付逐渐慷慨，基础养老金部分所占的比重越来越大，到 1970 年，基础养老金逐步转变为建立在居民资格上的普惠型养老金，并且对没有其他收入来源的人支付补充养老金。进入 90 年代，随着其他缴费型养老金制度的成熟，非缴费型养老金又开始重新强调收入调查部分，特别是在 1993 年的税制改革中，养老金开始成为应税收入，作为对策，国家开始提高非缴费型养老金的水平，但实际上提高的是收入调查型养老金的水平，它占非缴费型养老金的比重从原来的 1/4 提高至 1/2①。

2. 芬兰

可以说，芬兰 1937 年建立的国家养老金只是名义上的全覆盖养老金，经济危机和战争使国家养老金遭受巨大损失，通胀使得原本低水平的养老金更是起不到保障作用，这也成为保守党派和雇主组织攻击国家养老金的主要理由。另外，社会民主党和农业自由党试图将累积的养老金资产投资于芬兰的国有企业，也遭到了保守党派和雇主组织的反对，理由是这种做法会使国家对经济的控制过度。

在这种政治背景下，社会保险委员会（建立于 1945 年，任务是对芬兰的养老金制度进行监督）于 1954 年向议会递交了国家养老金的改革建议报告，提出建立全民覆盖的养老金制度，并针对不同经济地位的人设立不同的计划，如为农业人口提供收入调查型的最低养老金，为工薪阶层探索建立收入关联型养老金。当议会对此报告进行审议时，农业自由党对社会保

---

① Goul Andersen, From people's pension to an equality - oriented multipillar system. The silent revolution of the Danish pension system, Centre for Comparative Welfare Studies, Paper prepared for NOPSA Conference, Aug. 2008.

险委员会的提议进行了否定，并认为应该建立普惠型的以居民资格为依据的统一养老金，这种统一养老金才是能让农业人口受益最大的制度。但社会民主党和农业自由党不同意普惠型养老金计划的提案，依然坚持建立收入关联型的养老金，并认为前者只会使收入从工薪阶层转移至农民，从而损害工薪阶层的利益。关于养老金的争论不断升级，但我们时刻不要忘记20世纪50年代的芬兰仍然是农业占统治地位的国家，从事农业活动的人口占从事经济活动总人口的40%多。最终，在社会民主党的妥协下，芬兰于1956年对国家养老金进行了较大的改革，建立起了真正意义上的非缴费型养老金。改革后的国家养老金以税收为融资来源，面向所有65岁以上的芬兰老年人，养老金共分为两部分：一部分是建立在居民身份基础上的最低养老金，享受该养老金需要一定的居住年限；另一部分是建立在收入调查基础上的补充养老金，它面向有需要的低收入者。

　　1956年的改革使芬兰国家养老金制度完成了从保险原则到统一原则的转变，是芬兰福利国家建设真正开始的标志。其中的最低养老金惠及了大部分农业人口，许多芬兰妇女开始被纳入制度性的养老保障中来，有效地缓解了老年贫困问题（Heikki Niemela 和 Kari Salminen，2006）。同时，芬兰的养老金水平不断上升，很快超过了OECD国家的平均水平，如图3-1所示。

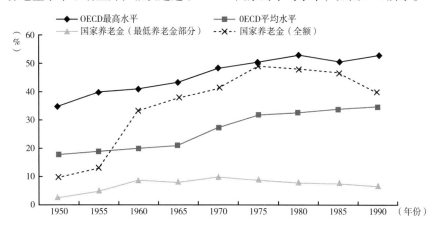

图 3-1　1950~1990 年 OECD 国家和芬兰的非缴费型养老金替代率水平

　　资料转引自：Markus Jantti、Olli Kangas and Matti Ritakallio："From marginalism to institutionalism：distributional consequences of the transformation of the Finnish pension regime"。Review of Income and Wealth. Series42，No. 4，Dec. 1996，p. 477.

从图 3-1 可以看出，1956 年改革后，芬兰的国家养老金水平开始快速上升，替代率从 1955 年的 13% 迅速升至 1960 年的 33%，增加了 20 个百分点，直至 70 年代，国家养老金水平也是一直处于上升的阶段。但是从 80 年代开始，虽然经济一直处于上升阶段，但相应的养老金水平却不断下降，Jantti 等（1996）指出这是由于养老金水平未能跟上经济发展的水平，工资增长的同时，养老金却未及时增长，导致替代率不断下降。

从整个北欧四国来看，二战以后，北欧各国开始了养老金制度改革，瑞典、挪威和丹麦纷纷抛弃了收入调查型制度，普遍地为其公民建立了统一的非缴费型养老金。和以上三个国家相比，芬兰的最低养老金水平仍然很低，并且强调收入调查型补充养老金是国家养老金的主要部分。究其原因，不难发现党派妥协的影子，社会民主党在 1956 年改革中曾指出，改革后的国家养老金必须是低水平，这是他们同意建立非缴费型制度的基础，并在此基础上增加补充养老金，这实际上是在为以后建立收入关联型养老金留出空间。

非缴费型国家养老金的建立惠及了大部分的农村人口，但由于水平相对较低而遭到了工薪阶层的反对，于是，在 1961 年，芬兰建立了私营部门的收入关联型养老金，并在以后陆续为自雇者和农民建立该制度。由于收入关联型养老金与缴费年限、缴费额呈正相关，一定水平的养老金需要足够长的缴费年限和足够多的缴费，因此，在收入关联型制度的建立初期，国家养老金仍发挥了相对重要的作用。

二　缴费型养老金制度开始朝着有利于财政补贴的方向发展

在缴费型养老金制度方面，这一时期各国抛弃了养老金初建时期的基金积累制，建立起大规模的现收现付制的收入关联型养老金制度，其制度变得更加慷慨，无论是在退休年龄还是在替代率方面都有了很大的变化。但值得注意的是，养老金初建时期欧洲统一的俾斯麦模式在这一时期开始出现分化，有的国家依然坚持了传统的俾斯麦模式，如德国和芬兰，而有的国家却在养老金改革的过程中与俾斯麦模式渐行渐远，许多的模式特征已被抛弃，如瑞典和意大利。

1. 缴费型养老金从基金积累制变为现收现付制

1953 年，阿登纳宣布将西德福利制度纳入新政府改革的一个重要方面，在经历 4 年的讨论与反复后，1957 年养老金改革方案正式出台。改革的一个最大亮点是将原来的基金积累制改为现收现付制，之所以做出这种选择，是因为：首先，经济危机以及两次世界大战使得德国养老基金受到严重损失，人们开始怀疑积累式的养老金制度；其次，德国战后的人口经济情况适宜建立现收现付制，一方面，德国战后经济的发展为现收现付制提供了坚实的物质基础，在 1948~1950 年不足 3 年的时间内，德国工业生产基本上恢复到 1936 年的水平，进入 50 年代后，德国经济进入高速发展时期，1950~1960 年 GDP 年均实际增长率达到 7.1%，1960~1970 年年均为 4.3%，按照 1980 年价格计算，GDP 从 1950 年的 3136 亿马克增加到 1970 年的 11240 亿马克，20 年间将近增长了 2.6 倍，成为当时资本主义世界第二大经济强国①。另一方面，人口持续增长，据联合国统计，1950~1970 年德国新出生人口将近占到了整个 20 世纪后半叶出生人口的 50%，不仅如此，同期德国妇女总和生育率也呈现不断上升的趋势，1950~1955 年为 2.16，1955~1960 年为 2.30，1960~1965 年为 2.49，此后在 1965~1970 年有所下降但仍高于人口正常世代更替率②，为 2.32③。正是由于基金积累制的不可持续性再加上现收现付制实施的良好条件促成了上述改革。

同样从基金积累制向现收现付制改革的国家还有意大利，跟德国类似，在第二次世界大战中，由于通货膨胀并且大量资金挪为他用，养老基金消耗殆尽，在此情况下，意大利养老金制度由基金积累制向现收现付制改革，1952 年，新的养老金规则正式确立，同时还制定了最低养老金制度④。

---

① 郭吴新等：《世界经济》，第二册，高等教育出版社，1989，第 194~195 页。
② 在人口统计学上，人口正常世代更替率为 2.1，也就是说，只有保证妇女生育为 2.1，才能保证人口的正常世代更替。
③ 新出生人口和妇女总和生育率数据来源：UN, World Population Prospects, the 2010 Revision, http://esa. un. org/unpd/wpp/index. htm。
④ Franco D. and G. Morcaldo, The origins, functions and planned reform of some features of the Italian pension system, in Ministry of Labor and Social Security eds., Social security and its financing, Rome: Istituto Poligrafico e Zecca dello Stato, 1989, pp. 45-92.

2. 大规模的收入关联型养老金纷纷建立，待遇与缴费之间的联系淡化

当欧洲大陆国家纷纷扩展其缴费型养老保险制度时，北欧国家纷纷建立起政府管理的收入关联型养老金制度，如瑞典。自 1948 年普惠型养老金正式实施以来，受限于制度仅提供适度养老金水平的目标以及资金来源的单一性，国家养老金的水平相对较低，如 1960 年，瑞典国家养老金的替代率仅为工业平均工资的 1/3[①]。与此同时，随着社会经济的发展，老年人对养老金的需求不断提高，二者之间的矛盾推动了瑞典补充养老金制度的出台。在经历了十几年的讨论和研究后，1960 年 1 月 1 日，补充养老金制度（即 ATP 养老金）正式在瑞典建立起来。除了对养老保障的需求不断提高外，持续发展的经济也成为促成此次养老金改革成功的重要因素。二战期间，瑞典作为中立国避免了战争对国民经济的毁灭性打击，并成为战后第一个经济得以迅速发展的国家，在依托北欧经济发展特色的基础上，传统的出口业朝着更加多样化的方向发展，并很快超过其他国家，如表 3-1 所示。直到 1950 年以前，瑞典的经济发展状况在北欧并不是属于最高水平，甚至在整个 OECD 范围内属于中下水平，但在经历了战后"黄金时代"的发展后，瑞典一跃成为北欧地区人均最富有的国家，并超过英国，成为 OECD 国家中仅次于美国、加拿大和瑞士的经济发达国家[②]。不断增长的经济为瑞典建立强制性的补充养老金制度提供了强大后盾，也正是在这一经济发展的黄金阶段，瑞典 ATP 养老金累积了大量的缓冲基金，为此后应对人口老龄化和弥补养老金改革成本奠定了坚实基础。

表 3-1　1990~1987 年北欧四国、英国以及 16 个 OECD 国家的人均 GDP 比较

单位：美元

年份 国家	1990	1913	1929	1950	1973	1987
丹麦	1732	2246	2913	3895	7845	9949
芬兰	1024	1295	1667	2610	6804	9500

---

① Kangas Olli and Palme Joakim, "Public and Private Pensions: The Scandinavian Countries in a Comparative Perspective", Institutet for Social Forsking, Stockholms Universitet, Meddelande 3, 1989.

② Augus Maddison, "The World Economy in the 20th Century", OECD, 1989, p. 19, table 1. 3.

续表

年份 国家	1990	1913	1929	1950	1973	1987
挪威	1218	1573	2184	3436	7071	11653
瑞典	1482	1792	2242	2898	8288	10328
英国	2798	3065	3200	4171	7413	9178
16 个 OECD 国家	1817	2224	2727	3553	7852	10205

资料来源：Augus Maddison, The World Economy in the 20th Century, OECD, 1989, p. 19.
注：以 1980 年价格为标准。

　　1960 年瑞典建立的补充养老金是政府管理的、强制性的、待遇确定型的、现收现付制养老金，这一制度覆盖所有工作人口。资金来源主要是雇主缴费和国家财政补贴，与原有的国家基础养老金的主要区别在于增加了收入关联因素。这一制度一开始建立时，瑞典老年人退休年龄为 67 岁，1976 年下调为 65 岁。个人退休后领取 ATP 养老金必须满足以下条件：领取全额养老金需要缴费满 30 年，其中工资最高 15 年的平均收入作为领取养老金的基础，如果缴费未满 30 年，养老金将按相应比例减少。一般来说，ATP 养老金的替代率为 60%，再加上基础养老金，替代率水平能达到 65%，ATP 养老金和国家基础养老金每年根据通胀水平进行调整[1]。1962 年，瑞典颁布国民年金法，将 ATP 养老金法和其他保险法合并，并于 1963 年正式生效，ATP 养老金也开始发放。

　　与此同时，北欧其他国家也试图建立类似的公共的收入关联型养老金制度，但未能如愿。芬兰政党为避免出现瑞典式的大规模的、政府管控的公共养老金制度，建立了分散化的制度，在制度融资模式方面遵循了瑞典模式，而在管理上采取了德国模式。而在丹麦，由于自由党和保守党的反对，大规模的收入关联型养老金制度始终未建立起来，而只是建立了低水平的、仅仅与工作时间相关联的 ATP 养老金制度。至此，北欧各国在缴费型养老金制度的建立上开始出现分歧。

[1]　Karen M. Anderson, "Pension Reform in Sweden: Radical Reform in a Mture Pension System", in Giuliano Bonoli and Toshimitsu Shinkawa, eds., "Ageing and Pension Reform around the World—Evidence from Eleven Countries", Edward Elgar Pub, April 5, 2005.

3. 养老金改革向着更加慷慨的方向迈进

在这一阶段，养老金资金来源更加多样化，待遇计算方式更加宽松，导致此时的养老金向着更加慷慨的方向迈进。

首先是下调退休年龄。1957 年的改革将退休年龄进行了调整，其中男性下调至 65 岁，女性下调至 60 岁。瑞典收入关联型养老金制度一开始建立时，老年人退休年龄为 67 岁，1976 年下调为 65 岁。

其次是养老金制度目标开始从最低收入补充到维持一定的退休收入水平。1889 年德国设计养老金水平时选择了这样一个理念，即老年人应该主要依靠其家庭成员和自己的储蓄来满足老年经济需要，养老金制度只是对上述保障手段的补充①。在上述理念的支撑下，德国养老金水平相对较低，有研究指出，当时由政府拨款的最低养老金加上以缴费为基础的养老金可达到 40% 左右的替代率水平，这使得国家对养老金体系的补贴更多地带有贝弗里奇模式的特征②。针对这种情况，为老年人提供一定水平的退休收入成为 1957 年改革的主要目标，通过此次改革，德国养老金待遇水平和支出水平有了较大的提升。1956 年，德国养老金替代率约为 34.5%，到 1971 年，这一比重升至 60% 左右，不仅如此，在 1959~1969 年间，德国养老金支出保持了和工资同样的增长水平，前者上升了 110.5 个百分点，同期后者上升了 115.7 个百分点③。不仅如此，此次改革还确定了养老金随总工资变化进行指数化调整的规则，从而使得老年人口在退休后能够与在职人口共同分享经济增长成果。除了 1957 年的改革外，使德国养老金制度变得更为慷慨的是 1972 年的改革，主要体现在以下两个方面：第一，较高的制度替代率，对于一个收入为社会平均水平并且有 45 年缴费历史的工人来说，其退休后的养老金净收入可达到退休前净收入的 70%。第二，慷慨的提前退休待遇。对于已经工作 35 年及以上者，改革废除了原来的 65 岁强制退休年龄，鼓励个人在 63~65 岁之间进行灵

①　Alfred C. Mierzejewski, "Social Security Reform the German Way: The West German Pension Reform of 1957", Journal of The Historical Sociaty, Vol. 6, Issue 3, Sep., 2006, p. 408.

②　徐聪：《德国公共养老保险体制改革的经济学分析》，博士学位论文，复旦大学，2008，第 30 页。

③　Alfred C. Mierzejewski, "Social Security Reform the German Way: The West German Pension Reform of 1957", Journal of The Historical Sociaty, Vol. 6, Issue 3, Sep., 2006, pp. 424-425.

活选择，但并未进行精算调整，与此同时，伤残津贴的领取条件开始放宽，女性和失业者的强制退休年龄降低，通过这一系列调整，德国养老金领取年龄基本上被设定在 60~65 岁之间①。通过这两次改革，在 60 年代和 70 年代退休的德国老年人享受了制度建立以来最高水平的养老金待遇。

在瑞典，在制度建立的前 30 年里，ATP 养老金较好地实现了老年保障的职责，特别是对 1905~1920 年之间出生的人口提供了相对充足的保障。一开始，该制度规定了较为慷慨的支付规则，对于 1915 年之前出生的人，只要缴费满 20 年就可以享受全额养老金，1915 年出生的人需要缴费 21 年，以此类推，1924 年及以后出生的人需要 30 年的缴费才可以领取全额养老金。通过对比不同年龄人口在缴费和待遇之间的关系，Stahlberg（1990）发现，1905~1914 年之间出生者终生可领取的养老金待遇是其所有缴费的 6 倍多②。不仅如此，从 1970 年到 1989 年，瑞典实际工资（缴费前工资）增长了 1.8%，其中 50% 贡献给了养老保险体系，并用来支付养老金的增长。从 20 世纪 70 年代中期开始，养老金领取者成为养老金制度再分配的赢家。到 20 世纪 90 年代初期，ATP 养老金领取者的平均生活水平不低于有孩子家庭的平均生活水平③。

三　贝弗里奇模式的出现

自俾斯麦模式建立以来，直到第二次世界大战，该模式在欧洲福利领域的统治地位从未被动摇。第二次世界大战之后，一种新的福利模式产生，它就是贝弗里奇模式，并向俾斯麦模式的统治地位发起了挑战。1942年，贝弗里奇出版了《社会保险与相关服务》（即《贝弗里奇报告》）

---

① 事实上，德国之所以进行放宽退休年龄的改革，是考虑到当时较高的失业率水平，通过提前退休释放工作岗位，从而促进就业水平的提升，但这为养老金制度发展埋下了隐患。

② Stahlberg Ann - Charlotte, "The ATP system viewed in a redistributional perspective", In Sweden's Official Publications 1990, No. 78, Allman Pension Expertrapporter, Stockholm, Allmanna forlaget, 1990.

③ Gustafsson Bjorn and Edward Palmer, "Changes in Swedish inequality: A study of equivalent income 1975 - 1991", In P. Gottschalk, B. Gustafsson and E. Palmer, eds., "Changing patterns in the distribution of economic welfare", Cambridge: Cambridge University Press, 1997.

一书，书中对英国战后福利体系的设计和发展规划了蓝图，不同于传统的俾斯麦模式，贝式报告以一种全新的角度对福利国家的安排进行了解释。该书将英国的福利制度分为三类：社会救助、社会保险和自愿保险。同时该书对英国社会保险制度的发展提出六大原则：一是统一津贴标准原则；二是统一缴费原则；三是统一管理原则；四是基本生活保障原则；五是综合性保障原则；六是社会保险制度分类原则。根据以上原则，英国开始了构建福利体系的过程，并在1948年宣布建成福利国家。

1. 英国

在养老金制度方面，英国遵循了贝弗里奇模式。首先，在非缴费型养老金方面，对于没有参加缴费型养老金制度的老年人，可以根据1948年《国民救助法》获取救助，虽然是收入调查型的，但构成了对缴费型制度的重要补充。在缴费型养老金方面，根据贝弗里奇报告，英国建立起统一标准的公共养老金制度，养老金领取者不仅要按照统一的标准缴费，而且待遇水平也相同，在此后的十几年中，除了缴费标准和待遇标准有所变动外，养老金的基本框架并未发生改变。

随着统一养老金暴露出越来越多的问题，如给财政造成巨大压力，到1958年，财政用于养老金制度的总支出已经接近5亿英镑，其中缴费型养老金支出占英国福利总支出的比重也从1950年的41.7%上升到1960年的48.4%[①]；还存在部分老年人退休后保障不足的问题。以上问题推动英国对养老金制度不断进行改革，1959年，英国颁布新的《国民保险法》，建立了一种新的与收入相关联的养老金制度，和原有的统一标准养老金制度共同构成公共养老金体系。新的收入关联型养老金制度并不追求在缴费和待遇方面的统一性，在缴费方面，根据参保人收入的不同，缴费标准亦是不同，收入越高，缴费越多。同样的，缴费的不同也导致了养老金待遇的不同。从70年代起，英国经济再次遭遇萧条，对养老金的改革又提上了日程，1975年，工党政府重新打造英国公共养老金制度，推出了一种综合性的国家收入养老金制度，制度由基本养老金和收入关联型养老金组

---

① A. H. Halsey, British Social Trends since 1900, ［M］, Houndmills：MacMillan, 1988. p. 499.

成，其框架与 1959 年的制度类似。在整个 70 年代，工党政府对养老金的改革一直处于矛盾中，一方面，工党需要降低养老金支付来缓解制度的财政压力，另一方面，面对社会经济的萧条，工党又不得不扩大开支来提高公众的生活水平。实践证明，后者最终占了上风，70 年间，养老金改革的方向依然是向民众提供更高水平的养老金，这导致了整个养老金支出水平的上升。在 1970~1979 年间，英国缴费型养老金支出从原来的 16.63 亿英镑增加到 77.19 亿英镑，补充养老金支出从 2.33 亿英镑上升到 7.57 亿英镑，非缴费型养老金支出从 800 万英镑增加至 3700 万英镑，整个养老金支出占英国社会保障支出的比重接近 50%[①]。

2. 丹麦

由于非缴费型养老金的水平相对较低，丹麦也开始探索建立缴费型养老金制度，并于 1964 年建立了劳动力市场补充养老金（Labor Market Supplementary Pension，即 ATP 养老金），该制度由雇员和雇主的缴费支撑，实行积累制。本来，丹麦的社会民主党试图建立一个瑞典式的收入关联型 ATP[②]，但是在制度讨论的过程中遭到了强烈的反对，一方面农业自由党（Agrarian Liberals）和保守党反对建立由政府控制的大规模的缴费型养老金，另一方面，工会惧怕收入关联型的养老金制度会将工作时的收入不平等延续到退休，同时雇主组织也反对建立养老金自动调整机制，主张实行固定水平的养老金制度。最后通过协商和妥协，丹麦只建立了较低水平的 ATP 养老金，并且养老金待遇仅和工作时间有关，不与工作时的收入相关联，事实上成为了一种 DB 型的养老金制度。至此，ATP 养老金和基础养老金，共同构成了丹麦的公共养老金制度。从替代率来看，在制度建立之初，基础养老金的替代率被设定为社会中等收入水平的 2/3，而 ATP 养老金的替代率为基础养老金的 1/2[③]，丹麦也因此成为北欧国家中唯一一个公共养老金制度不以收入维持为目标，而是以最低保障为目标的

---

① 丁建定：《20 世纪英国养老金制度的历史演进》，《南都学坛》（人文社会科学学刊）2002 年 3 月第 22 卷第 2 期。

② 瑞典的 ATP 养老金建立于 1960 年，是政府管理的大规模的收入关联型养老金制度。

③ Kari Salminen, Pension Schemes in the Making—A Comparative Study of the Scandinavian Countries, the Central Pension Security Institute, Helsinki, 1993, pp. 176, 259.

国家（Overbye，1994）。

　　3. 贝弗里奇模式的制度特征

　　贝氏报告为我们总结了贝弗里奇制度应当遵守的原则和目标，但却未能指出在具体实践中的制度具备哪些特征。本文通过对上述国家养老金制度的总结，并且在和俾斯麦模式进行比较的基础上，试图对其特征进行总结。

　　第一，强调社会保险制度，但保险的精算程度较低，通常给财政带来压力。贝弗里奇认为"社会保险应实行权利和义务相一致的原则……社会保险待遇应当是缴费的回报，而不是政府提供的免费午餐……不应让参保人觉得可以源源不断地得到不劳而获的收入"[1]，这种社会保险的缴费思想也体现在了英国养老金制度中。但不同于俾斯麦模式，英国社会保险所提供的养老金待遇和缴费并不相关，在英国，缴费只是意味着获得领取待遇的权利，至于待遇多少，则和缴费多少完全没有关系，对于此问题，贝弗里奇也说过"社会保险与自愿保险有着显著的区别，自愿保险可以根据参保人的风险来调节费率，但对于社会保险来说，这就不那么重要了，因为社会保险是依靠政府的力量强制实施的，政府没有必要根据风险调整费率"[2]。由此可见，贝弗里奇制度实施需要依靠政府的力量，财政补贴在有些时候是很有必要的，甚至会给财政带来压力。在实践中，英国公共养老金制度亦是呈现出这种特点，无论是贝弗里奇式的基础养老金还是收入关联型的补充养老金，二者虽然都需要缴费，但缴费额和养老金待遇之间基本没有任何联系，精算水平极低。

　　第二，满足公民基本生活需求而非维持生活水平保持不变。无论是英国的统一养老金还是丹麦的 ATP 养老金制度，其共同的特征就是待遇水平较低。在英国，由于"统一缴费统一待遇"的规定，养老金制度势必将照顾到低收入群体的缴费能力和消费水平，由此，整体养老金待遇水平降低。在丹麦，在各种利益群体的角逐中，ATP 制度的发展空间被降至最低，与英国类似，ATP 养老金制度同样不与参保人退休前的收入、缴

---

[1]　劳动和社会保障部社会保险研究所译，《贝弗里奇报告——社会保险和相关服务》，中国劳动社会保障出版社，2004，第9~10页。

[2]　劳动和社会保障部社会保险研究所译，《贝弗里奇报告——社会保险和相关服务》，中国劳动社会保障出版社，2004，第10~11页。

费相联系，而只是决定于工作时间，ATP 养老金最初建立时的替代率还不及非缴费型养老金，可以说仅仅是象征性的。

第三，为其他养老金支柱的建立创造机会。贝弗里奇模式的养老金势必将引起高收入者的不满，因为在这种制度下，他们退休后的生活水平将急剧下降，寻求补充的养老金制度成为必然。在此情况下，各种类型的私人养老金计划纷纷建立起来。在英国，公共的收入关联型养老金立法时总不忘提及私人养老金的"协议退出机制"，并认为，当私人养老金制度提供的养老金水平足够高时，个人可以不加入公共制度。在丹麦，建立瑞典式 ATP 养老金制度的失败给职业养老金和私人养老金留下了极大的发展空间，从 20 世纪六七十年代起，不少公司和企业开始为其白领雇员建立职业养老金计划，到 80 年代，被职业养老金计划覆盖的雇员已占到雇员总人数的 1/3①。

四　多支柱型养老金体系初现端倪

在多数欧洲国家，这一时期养老金发展的主要任务是建立并扩大公共养老金制度，如德国、瑞典、法国等国家，但也有的国家选择了其他的发展路径：在建立适度的公共养老金制度外，建立其他的保障支柱，如私人养老金，尤其是在选择贝弗里奇模式制度的国家，这种多支柱发展养老金的趋势就更加明显。

1. 英国

如前所述，自贝弗里奇模式养老金制度建立之后，英国养老金制度一直受到财务和养老金充足性等问题的困扰，虽然养老金支出不断膨胀，但英国老年人的保障问题并未得到解决，其根本原因在于贝弗里奇模式强调了统一性和最低保障性的原则，而统一性原则忽视了老年群体对于养老保障的多样化需求，最低保障性原则使得统一养老金对于退休前高收入的老年人来说根本是杯水车薪，这样看来，养老保障资金并未得到有效利用，政府资源遭到浪费，可以说，统一养老金制度是一种过于追求公平性的低

---

① Peter Abrahamson，Cecilie Wehner，Pension Reforms in Denmark，Department of Sociology University of Copenbagen，Sep. 2003，pp. 8.

效制度。在之后的 20 多年里，英国政府一直纠结在建立一个怎样的公共养老金制度才能摆脱这种困境方面，包括 1959 年英国建立的与收入相关联的养老金制度，以及 1975 年工党政府重新打造的新体系。无论是旧制度还是新制度，英国公共养老金的替代率大概维持在 40% 左右，相对于俾斯麦模式和瑞典模式中 60%~70% 的替代率，其公共养老金的替代率水平确实不高。

鉴于此，大量职业性的养老金计划纷纷建立，到 1958 年，参加职业养老金计划的工人已经达到 875 万人，约占全国成年工人总数的一半以上①，对此，英国政府虽没有明确表示，但实际上已经在 1959 年公共养老金改革中表达了赞同的观点：对于那些已经参加私人职业养老金计划，并且私人养老金计划提供的待遇不低于公共制度的个人，可以不加入公共制度。同样的，1975 年改革对于私人养老金计划进行了明确的规定：如果雇员已经是职业养老金计划的成员就可以继续留在原计划内。此外，立法还对职业养老金计划进行了规范，即职业养老金计划提供的养老金必须要大于或等于雇员在国家收入关联养老金中可能获得的最低保证养老金，这也使得英国的职业养老金计划开始具有强制性色彩。这两次对私人养老金制度的鼓励为以后英国养老金制度中的"协议退出"机制奠定了基础。

至此，英国的养老金制度已经出现多支柱的雏形，第一支柱为基本养老金，遵循统一性原则；第二支柱为附加养老金，为收入关联型养老金制度；第三支柱是以职业年金制度为主体的私人养老金制度。前两个支柱为贝弗里奇式的公共养老金制度，第三支柱则是对前两个支柱的有力补充。

2. 丹麦

公共养老金的不足，或者说建立瑞典式 ATP 养老金制度的失败给丹麦职业养老金和私人养老金留下了极大的发展空间，从 20 世纪六七十年代起，不少公司和企业开始为其白领雇员建立职业养老金计划，到 80 年代，被职业养老金计划覆盖的雇员已占到雇员总人数的 1/3②。另外，在

---

① 丁建定：《20 世纪英国养老金制度的历史演进》，《南都学坛》（人文社会科学学刊）2002 年 3 月第 22 卷第 2 期。

② Peter Abrahamson，Cecilie Wehner，Pension Reforms in Denmark，Department of Sociology University of Copenbagen，Sep. 2003.

20 世纪 80 年代，丹麦人口老龄化问题极为突出，1987 年 65 岁以上老年人口占总人口的比重已经达到 15%[1]，公共养老金制度已经不能够满足如此多老年人口的需要。同时，常年的低储蓄率也让丹麦政府考虑通过建立 DC 型的养老金制度来提高储蓄率进而促进经济发展。在 80 年代末，"迟到 20 多年"[2] 的收入关联型养老金制度终于以立法的形式在丹麦建立起来，其中国家主要是提供税收优惠，并不进行直接管理，由雇主通过集体协议为雇员建立，到 1997 年，职业养老金的覆盖率已经达到了 84%[3]。至此，加上国家通过税收优惠支持的私人养老金计划，丹麦形成了养老金体系的四支柱[4]，如表 3-2 所示。

表 3-2 丹麦四支柱的养老金体系

	基础养老金	ATP 养老金	职业养老金	私人养老金
法定基础	立法	立法	集体协议	私人协议
融资	一般税收	统一水平缴费	与收入相关联缴费	灵活缴费
权益积累	居住年限	缴费	缴费	缴费
养老金待遇	统一养老金 + 收入调查型养老金	与工作时间相关	与收入和就业相关	与储蓄相关

资料来源：Nielsen, Fritz von Nordheim, *The Danish Pension System. Individual Responsibility and Social Solidarity in Productive Balance*, Contribution to the conference Pension Systems and their changes in the EU & Slovenia on the eve of the 21st Century, 14-15 Sep. 1998, Ljubljana, Slovenia.

3. 荷兰

荷兰养老金制度始建于 1919 年，但其真正实施的养老金制度是依据 1956 年《一般老年法案》建立的，法案规定了对所有的公民实行强制性

---

[1] Kari Salminen："Pension schemes in the making：a comparative study of the Scandinavian countries." The Central Pension Security Institute, Helsinki, 1993, pp. 40.

[2] 相对于瑞典、挪威和芬兰在 60 年代建立的收入关联养老金，丹麦的收入关联养老金晚了 20 多年。

[3] Anderson, K, Pension Politics in Three Small States：Denmark, Sweden and the Netherlands, Canadian Journal of Sociology, Vol. 29, 2004, pp. 304.

[4] 也有人将丹麦的养老金体系视为三支柱，通常是把基础养老金和 ATP 养老金视为同一支柱，如 Andersen and Skjodt（2007），Greve, B（2004）等，但是从该研究的主旨出发，由于 ATP 养老金属于缴费型养老金，因此，在制度划分上，将其和非缴费型的基础养老金分开，单独列为一支柱。

的现收现付制度。制度规定，任何年龄在 65 岁以下、收入在最低水平以上者都要缴纳一定比例的保险费，同时还规定了缴费的最高限额；在待遇方面，养老金津贴和参保人在职时的工资没有关联，都采取统一的比例发放。由此可见，荷兰战后建立的公共养老金制度呈现出较强的贝弗里奇特征。

对于公共养老金不足的问题，荷兰并没有像瑞典或英国那样建立公共的收入关联型养老金，而是采取了鼓励发展职业养老金的方式。20 世纪 60 年代，荷兰开始建立职业养老金制度，具体做法是由国家制定规则，雇主与雇员签订相关协议。荷兰的工会和雇主组织都很健全，它们对职业养老金制度的形成和改革有着重要影响。一般而言，职业养老金计划的缴费以最终工资或平均工资为基数来计算，由雇员和雇主匹配缴费，雇员缴费占 1/3 或 1/2。职业养老金计划的收益按照加入时间长短来计算，每年按照工资替代率 2% 左右的比例增加，这样，如果集体双方达成 35 年的协议，工人在退休时的养老金收入相当于其最后工资的 70%（包括国家养老金在内）。不仅如此，荷兰还存在相对较为健全的个人养老金制度。

五　这一时期财政补贴养老金的特征

和上一阶段相比，无论是在广度上还是在深度上，财政对养老金制度的补贴都达到了一个新的高度，积极参与国家的公共养老金制度实施是这一时期财政补贴养老金制度的重要特征。从财政的角度看，这一时期的财政政策为财政补贴养老金提供了理论支撑，而从养老金的角度看，无论是改革后的俾斯麦模式还是新出现的贝弗里奇模式，甚至是改革后的瑞典制度，它们都从制度设计的角度为财政大规模补贴养老金制度提供了便利和条件，因此，无论是主动补贴还是被动补贴，这一时期财政和养老金制度的紧密结合是不可否认的事实。从短期来看，财政补贴养老金制度为参保人享受慷慨的养老金待遇提供了条件，但从长期来看，随着经济和人口条件的不断恶化，再加上福利刚性的特征，财政过多补贴养老金势必将给财政带来沉重负担，同时也为未来养老金的发展埋下隐患。

1. 凯恩斯理论为财政补贴养老金制度提供了理论支撑

自第二次世界大战之后，凯恩斯主义成为西方经济领域的主流思想，其提出的国家干预理论对于缓和西方资本主义经济危机与矛盾，促进战后西方国家的经济复兴和繁荣立下了汗马功劳。凯恩斯从有效需求不足的理论出发对资本主义经济萧条进行了解释，强调提高社会有效需求才是解决问题的根本，从个人的角度来说，如果增加对商品的需求，那么资本家就可以扩大生产，从而增加雇员，最终实现充分就业的目标，而实现这一目标的关键在于给大众以福利。在解决有效需求不足的探索中，赤字财政成为备受凯恩斯青睐的财政政策，他认为，只要能促进经济的增长，即使出现经常性的财政赤字也是无关紧要的，他不主张通过加税的方式来扩大政府开支，而是强调政府举债支出。

在以上理论的指导下，一方面，战后资本主义国家开始大规模举办社会公共事业，从而增加就业，提高个人收入水平，为增加社会有效需求做出了贡献。另一方面，扩大政府公共支出，扩张福利制度。提高福利水平是凯恩斯扩大社会有效需求的重要手段之一，在该理论的指导下，西方福利制度蓬勃发展起来，以养老金为例，非缴费型养老金制度从战前的收入调查型发展为战后的普惠型，在这一过程中，所有符合条件的老年人都领到了养老金。在缴费方面，扩大覆盖面是福利扩张的重要表现，战前，缴费型养老金主要覆盖劳动人口，该部分群体为维持养老金持续的收入条件提供了保证，战后，缴费型养老金开始扩展至其他群体，如低收入群体、母亲群体等，这两类群体的特征是缴费水平低且不稳定，只能通过财政来确保他们满足缴费条件，不仅如此，战后各国还纷纷下调退休年龄，提前退休现象亦是非常明显，这些都为财政大规模补贴养老金提供了条件。

2. 有利的经济和人口条件为财政补贴养老金提供了物质支撑

根据阿伦条件，在生物回报率大于利率的条件下，现收现付制能实现代与代之间的帕累托最优，生物回报率是指人口增长率和工资增长率之和，也就是说，当经济和人口状况符合阿伦条件时，每一代人一生养老金收入的现值大于同一时点一生缴费的现值，由此福利状况将得到改善。二战后，不少国家将原来的基金积累制改革为现收现付制，这主要得益于当时的经济条件，实际工资增长与人口增长对于建立现收现付制养老金计划起到了至关重要的作用，现收现付制使得老年人的代际福利状况得到明显的改善。萨缪尔森在1967年指出，每一个到了退休年龄的人都被给予了远远超过其缴费的养老金津贴，这一点是怎么实现的呢？这起源于国民产出的高速增长……在人口不断增长时，总是有着比老年人多的年轻人，更为重要的是，随着实际收入每年的不断增长，养老金赖以积累的税基在任何时候都比历史上的税基大得多。

人口方面，在20世纪50年代到80年代，欧洲主要国家的劳动年龄人口（15~64岁）占总人口的比重一般都在65%左右，老年人口（65岁及以上）所占比重在10%~15%之间，儿童（0~14岁）所占比重维持在20%~25%之间，老年人口赡养比一般在1:5左右，大约是5个年轻人供养一个老年人，这是相对轻松的代际赡养关系。经济方面，在整个50年代和60年代，欧洲各国经济稳定持续高速发展，其速度之快，持续时间之长，为历史罕见，主要表现在：国民生产总值和工业生产总值增长迅速，整个西欧的国民生产总值从1950年的2745亿美元增加到1973年的12250亿美元，增长了346%，同期工业生产总值增长了251%，多数国家的GDP年平均增长率超过美国，在1951~1965年间，美国、西德、法国和意大利分别为3.7%、6.9%、4.9%和5.5%，同时，失业率大大降低，其中西德的失业率在50年代已降到4.2%，在60年代又进一步下降到0.8%。如此良好的人口和经济条件为财政补贴养老金提供了物质支撑。

3. 多数国家的制度设计为财政补贴养老金提供了更多的便利

从这一时期的养老金改革特点看，无论哪种改革类型，都为财政补贴养老金提供了条件。第一，将非缴费型养老金制度从收入调查型改为普惠型，直接导致养老金支付大幅上升，也直接导致该制度的唯一资金来源——财政面临较大的支付压力。第二，缴费型养老金制度不断扩大覆盖面和提高待遇标准，成为加大财政压力的直接原因。特别是在扩大覆盖面方面，这一时期的养老金不再局限于仅仅覆盖劳动人口，伤残人口、自雇群体和低收入人口也被纳入制度中，妇女因照料家庭而失去收入的时间也被纳入缴费期，这两类人口的缴费一般由财政负责。此外，从20世纪90年代开始，德国失业人口开始增多，针对这些失业人口，德国制定了缴费豁免政策，不仅如此，德国政府还引入提前退休政策来解决就业问题。第三，对于传统俾斯麦模式的国家，虽然财政补贴占养老金支出的比重不会发生太大变化，但由于制度扩大和整体支出的增加，正常性财政补贴额持续增加。特别是在还未建立财政正常投入机制的国家，财政承担补缺责任，这样制度就更会缺乏自我调整的动力，从而导致财政投入剧烈增加。第四，对于已经放弃俾斯麦模式的瑞典来说，财政已成为养老金融资的重要来源，个人待遇和缴费之间的关联消失，保险性原则和精算原则被制度抛弃，财政对养老金的投入也逐步陷入无序状态。第五，和瑞典模式一样，贝弗里奇模式也为财政对养老金的无序投入创造了条件。但值得庆幸的是，贝弗里奇模式始终遵循了最低收入保障的原则，这在一定程度上控制了财政对养老金的补贴。

4. 财政大规模补贴养老金导致财政负担日益加重并埋下制度隐患

毫无疑问，财政大规模补贴养老金将会导致严重的财政负担，当然，在经济发展状况较好的时期，这种负面影响不容易显现出来，但一旦经济进入衰退期，财政基础遭到削弱，而养老金制度由于福利刚性的特征，依然维持原有的支出水平，此时财政将表现出在支撑养老金方面的乏力，这在 20 世纪 70 年代的英国表现得极为明显：试图降低养老金水平但又无能为力。即使到了 80 年代，英国虽已开始改革，但福利开支依旧增加，这与福利制度的惯性相关。即使在德国，养老金财政状况亦是不容乐观，1960 年，财政补贴占其整个养老金支出的 4.1%，但到了 1998 年，这一比重上升至 25%，不仅如此，1999 年，为了将缴费率控制在 20.3% 以内，德国政府将增值税提高了 1 个百分点①。

在意大利，自 20 世纪 50 年代现收现付制改革后，养老金支出就一直呈现上升趋势，1960 年，养老金支出占意大利 GDP 的比重为 5.0%，到 1970 年上升为 7.4%，1980 年为 10.2%，到 1992 年升至 14.9%，30 余年间增加了将近 10 个百分点，而同期其他类型的社会支出占 GDP 的比重也不过上升了 2.2 个百分点②。据估计，由于人口老龄化程度的不断加深，未来意大利养老金支出仍将大幅增加，到 2030 年，支出占 GDP 的比重将

---

① Axel Börsch-Supan, "A Model under Siege: A Case Study of the German Retirement Insurance System", The Economic Journal, Vol. 110, No. 461, Features (Feb., 2000), p. 27.

② Daniele Franco, Italy: A Never-Ending Pension Reform, in Martin Feldstein and Horst Siebert, eds., Social Security Pension Reform in Europe, University of Chicago Press, http://www.nber.org/books/feld02-2, 2002, p. 217.

达到 25%。

与养老金支出上升伴随的是缴费率的居高不下。从世界范围看，意大利养老金制度缴费率水平比较高，1990 年，其缴费率为 26.2%，在世界银行统计的 93 个主要养老金国家中排在第 9 位，比同期德国（17.8%）、瑞典（21%）、英国（19.5%）等欧洲国家的缴费率都要高①。之后，在 1995 年左右，世界银行对此又进行了研究，毫无意外，意大利的缴费率水平再次高居榜首，达到 32%，而此时德国、法国、英国、瑞典分别为 19%、19.8%、18.8%、21%②。高水平的缴费率给企业和个人造成沉重负担，其对劳动力市场的扭曲也受到越来越多的关注。

第四节　养老保险制度的改革期：适度拉开养老保险与财政的距离

自 20 世纪 80 年代以来，面对石油危机导致的经济下滑，不少国家纷纷调整各自的福利制度，改革养老金制度，主要有以下几个方面的改革。

一　养老金独立于财政的改革

这一类型的改革主要涉及养老金结构式改革的国家，包括瑞典和意大利的名义账户制度改革。瑞典名义账户的一个最大的贡献在于重新将养老金待遇与缴费密切相连，并且将未来人口发展的因素考虑在内，具体改革如下：

1. 财政不再参与正常的养老金融资，而只是针对特殊群体缴费

经过 20 世纪 90 年代的改革，瑞典养老金制度资金来源主要是雇员和雇主缴费，财政不再进行补贴。在实际运行中，只有当工资收入超过缴费工资最低额时③，雇员才需要缴费，并且当工资收入超过缴费工资最高限额时，超过部分将不计入缴费工资。雇员缴纳的公共养老金（包括名义

---

① Robert J. Palacios, Averting the Old-Age Crisis: Technical Annex, World Bank, policy research working paper 1572, p. 122.
② A. Javier Hamann, The Reform of the Pension System in Italy, IMF Working Paper, 1997, p. 7.
③ 2008 年，这一最低额为 17343 瑞典克朗，大约为 5% 的社会平均工资。

账户和累积账户两部分）费率为7%，雇主的缴费率为雇员工资总额的
10.21%，二者的总缴费率为17.21%，这就与计入个人账户的18.5%的费
率之间产生了一个费率差，这是因为17.21%的费率是以雇员工资总额为
基数计算的，而18.5%是以扣除雇员7%缴费后的工资剩余额（即93%）
为基数计算的，即雇员工资总额×17.21% = 雇员工资总额×93%×18.5%。这
个18.5%的缴费，其中16%划入名义账户的部分，遵循现收现付制，但以
个人账户的方式进行记账，参保人退休后根据账面记录的资金决定养老金
待遇；2.5%划入积累养老金的部分，采取基金积累制进行实账运营。除此
之外，瑞典就业人员一般还参加半强制性的职业养老金计划，该计划一般
为积累式的缴费确定型制度，缴费率一般在2.5%~4.5%，也就是说，瑞典
就业人员在积累式养老金制度方面的缴费率一般在5%~7%。

　　除了上述正常缴费外，瑞典也规定了一些特殊情况下的缴费，如在失
业、伤残、抚育幼儿、接受高等教育、服兵役等期间，国家将通过财政对
此进行补偿，主要包括以下几种情况：第一，在失业、伤残、工伤期间，
个人领取的福利津贴等收入将作为缴费基础，个人需缴纳收入的7%，政
府财政将承担雇主责任；第二，在抚育4岁以下儿童期间，因照看子女而
失去收入时，女性一般可以获得全额补助，并按照其生于儿童前工作期间
的全额收入来计算缴费补偿；第三，针对接受高等教育以及服兵役者，国
家将以固定额的方式进行补偿，该标准将按社会平均工资增长率进行指数
化调整。2007年，以上三类来自中央政府财政的缴费补偿额合计为272
亿瑞典克朗，大约相当于当年整个制度养老金缴费收入的11%[1]，由此可
见，虽然改革取消了正常性的财政补贴，但政府在特殊情况下的财政补贴
比重还是较高的。

　　2. 增强缴费与待遇之间的精算关系

　　从融资模式看，瑞典1960年建立ATP养老金制度实行完全的现收现
付制度，个人缴费主要用于支付当期养老金发放，结余部分作为缓冲基金
由国民养老基金管理运营，对于参保人退休后可领取的养老金待遇，养老
金制度提前制定好了规则，即15/30原则，其特点是待遇和缴费之间不存

---

① 房连泉：《瑞典名义账户养老金制度改革探析》，《欧洲研究》2008年第6期。

在关联或关联很小。改革将原有的养老金制度分为两个部分：名义账户和积累账户。事实上，从运行过程看，名义账户部分仍属于现收现付制度范畴，制度的资金流向和运转无异于以前的制度，只是在确定待遇时不同于以往的 15/30 原则，参保人工作时期所有的缴费都将记录到账户上，每次缴费都可以增加未来养老金权益，退休后可领取的养老金待遇完全由缴费决定，多缴多得，从而这也是一种缴费确定性待遇。而积累账户部分则变成了完全的基金积累制，个人缴费由专业的投资机构进行保值增值，缴费和投资收益共同决定了未来该部分养老金的高低。从这一角度看，90 年代改革将瑞典公共养老金从现收现付制待遇确定型制度改为现收现付制缴费确定型制度与基金积累制的结合。

改革后的养老金待遇完全取决于个人工作期间缴费的多少，如果个人延迟领取养老金的年龄或多缴费，那么养老金替代率将上升，这将完全不同于老制度中待遇和缴费不相关的情况。在新制度下，退休时的养老金待遇＝积累额/预期余命，假设某一代人都在同一年龄退休，那么这一代人退休时的预期余命将相同，对于具有相同收入但缴费年限不同者，在计算养老金时，多缴部分意味着退休时养老金账户积累额即公式中被除数的增加，在除数相同的情况下，养老金待遇将上升；同理，对于具有相同缴费年限而收入不同者，收入较高者其退休后的养老金待遇也将较高；而对于收入低而缴费年限多以及收入高而缴费年限少的两类人来说，如果二者缴费年限差别较小，按照旧制度 15/30 原则计算，前者和后者所能领取的养老金将差别较大，而按照新制度中整个缴费历史的原则计算，二者所领取的养老金差别将小于前一种情况，如果二者缴费年限差别较大，那么在新制度下，二者领取的养老金待遇差别将缩小甚至前者将超过后者。也就是说，对于收入较低的劳动者来说，新制度是相对较为公平的。

3. 调整待遇计算公式，将预期寿命和经济发展因素考虑在内

在个人账户养老金制度下，参保人退休时的养老金待遇一般为账户积累资产除以退休时的预期余命，即养老金待遇＝累计资产/预期余命。在瑞典，养老金资产虽没有进行实账积累，但名义账户仍记录每一笔资金并将其作为未来发放养老金待遇的重要依据。此外，瑞典在计算养老金待遇时，引入了"年金除数"的概念，年金除数类似于前面公式中的预期余

命，在制度运行中，不同年龄组人口具有不同的年金除数，反映了不同代退休人口的不同预期余命。除了预期余命外，瑞典在除数中加入了一个 1.6% 的年金回报指数，即"增长范数"（Growth Norm），它实际上是一个假定的隐形年金回报率，体现了政府对长期经济增长的预期。由于该范数的存在，参保人退休初期的养老金待遇水平将比较高，个人将提前分享经济发展带来的好处。

在制度实际运行中，瑞典养老金待遇以经济实际增长率以及价格变动作为调整标准，假如退休第一年的养老金待遇为 P，那么退休第二年的养老金待遇为 $P\times(1+e+c)$，其中 e 为实际经济增长率，c 为通胀率，以此类推，退休第三年的养老金待遇为 $P\times(1+e+c)^2$，…，第 N 年的养老金待遇为 $P\times(1+e+c)^{N-1}$。而在确定养老金待遇时，瑞典引入了 1.6% 的年金回报指数，即贴现率 v，因此，未来养老金待遇在退休时的现值分别为：第一年为 P，第二年为 $\dfrac{P\times(1+e+c)}{(1+v)}$，第三年为 $\dfrac{P\times(1+e+c)^2}{(1+v)^2}$，…，第 N 年为 $\dfrac{P\times(1+e+c)^{N-1}}{(1+v)^{N-1}}$。缴费关联型养老金制度的一个重要特点是养老金待遇和缴费的对等，也就是说未来发放养老金待遇现值之和要等于退休时的基金积累，即 $P+\dfrac{P\times(1+e+c)}{(1+v)}+\dfrac{P\times(1+e+c)^2}{(1+v)^2}+\cdots+\dfrac{P\times(1+e+c)^{N-1}}{(1+v)^{N-1}}=F$，$F$ 是退休时的养老金积累，等式左边是一个等比数列求和，等式可变成 $P\times\left[\dfrac{1-\left(\dfrac{1+e+c}{1+v}\right)^N}{1-\dfrac{1+e+c}{1+v}}\right]=F$，而中括号里的部分就

是瑞典制度中的年金除数，很明显，这一部分将小于 N，即预期余命，通过这种算法得出的养老金待遇将大于 F/N 计算的待遇；还存在两种情况：第一，如果不考虑经济增长，仅考虑物价变动指数，虽然养老金的购买力不变，但相对于经济增长来说养老金水平仍是下滑的；第二，如果不考虑经济提前回报率，那么在养老金支付初期，养老金水平将比较低，如图 3-2 所示。

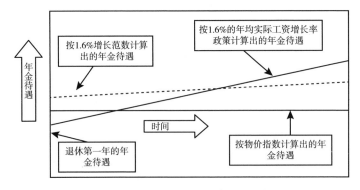

图 3-2 瑞典养老金不同指数化情况

资料来源：Edward Palmer, "The Swedish Pension ReformMode：Framework and Issues", http：//www. forsakringskassan. se/irj/go/km/docs/fk _ publishing/ Dokument/Rapporter/Working_ papers/wp0001_ the_ swedish_ pension_ reform_ model_ frameworks_ and_ issues. pdf.

通过上面公式可以看出，参保人退休后第 N 年的养老金待遇为 $P \times \dfrac{(1+e+c)^{N-1}}{(1+v)^{N-1}}$，当 $e+c$ 和 v 足够小时，上面的公式可变为 $P \times (1+e+c-v)^{N-1}$，养老金水平增长率为 $e+c-v$，这也正契合了瑞典养老金待遇调整的相关规则：养老金待遇随经济增长和物价变动而调整，即 $e+c$，但由于在一开始计算养老金水平时，已经将预期的 1.6% 的增长率考虑在内，因此要减去 1.6%，即 $e+c-v$，例如，如果经济实际增长率为 3%，消费价格指数变化为 1%，那么养老金待遇调整指数则为 3% - 1.6% + 1% = 2.4%，如果经济增长和消费价格变动之和小于 1.6%，那么养老金待遇调整将为负。

综上所述，通过在年金除数中加入 1.6% 的隐形年金回报率，年金除数将小于预期余命，瑞典退休人员初期可领取的养老金水平将提升，而后期待遇的增长将下降，这样做的好处是退休人员将提前分享未来经济发展成果。

4. 制度财务独立性加强：引入自动平衡机制

虽然改革后的瑞典养老金制度选择了 DC 型的待遇支付结构，养老金待遇和缴费密切相关，但由于在制度运行中采取了现收现付的融资方式，因此在实际操作中仍然存在财务不可持续的风险，从长远看，制度要保持财务的长期平衡，必须要实现养老金资产与负债的对等。在资产方面，收入主要来源于两个方面：缴费资金和缓冲基金；负债则取决于未来养老金支付规模。如果不引入任何干涉机制，瑞典的名义账户制将不可避免地走到原有的现收现付制道路上。这主要是因为：一方面，名义账户养老金的记账利率以社会平均工资增长率为指数化标准，而非工资总额增长，在劳动力数量下降的情况下，缴费工资总额增长率可能要小于平均工资增长率，这就意味着在养老金收入减少的同时，养老金负债却以原来的水平上升。另一方面，在计算养老金除数时，对群体预期余命的估计往往是采用以往的历史数据，而不是基于当前预测，这说明，预期寿命的变化将滞后于即时变化，当预期寿命不可预期地增加时，养老金负债将大大增加。

针对上述风险，瑞典将"自动平衡机制"（Automatic Balancing Mechanism，以下称 ABM）引入养老金制度中。自动平衡机制的核心在于养老金制度资产与负债的平衡，并且以"平衡率"的实际表现为依据来调节名义账户的记账利率，平衡率（balance ratio）是衡量养老金财务状况的比例，其计算公式为：平衡率＝养老金资产/养老金负债，其中养老金资产包括缴费的资产价值和缓冲基金的资产价值，缴费的资产价值又等于养老金缴费额和缴费周转期的乘积，而养老金负债则由名义账户下参保人积累的养老金权益以及将要发给老年人的养老金组成。如果平衡率等于1，即名义账户制度的养老金资产等于负债，则无须调节记账利率，如果平衡率小于1，即名义账户制度的养老金资产小于负债，那么此时自动平衡机制被启动，随着平衡过程的进行，平衡指数和收入指数的变化将经历三个阶段，在第一阶段，平衡指数增长率小于收入指数增长率，此时，名义账户记账率将等于新的平衡指数，但小于收入指数，例如，t 年的收入指数为103%，平衡率为0.99，那么 t 年的平衡指数为101.97%，那么在 t 年，名义账户的记账利率不再是平均工资增长率的3%，而是1.97%。在第二阶段，平衡指数增长率等于收入指数增长率，此时名义账户记账率将等于平均工资增长率，在第三阶段，平衡指数增长率大于收入指数增长率，即平衡率超过1，此时名义账户记账率将以较高的平衡指数为记账率，平衡机制还在继续运行，直到平衡指数等于收入指数，也就是说名义账户记账率为平均工资增长率。

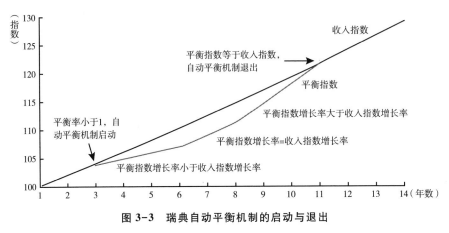

图 3-3　瑞典自动平衡机制的启动与退出

资料来源：Swedish Social Insurance Agency，The Swedish Pension System Annual Report 2008，作者对原图进行了一些修改。

二　加强养老金自身平衡的改革

在此次养老金改革中，除了建立名义账户制度的结构性改革外，大多数欧洲国家采取了参数式改革。相对于结构式改革，参数式改革的变动幅度较小，从理论上讲比较容易通过，但这种改革往往会导致改革不全面，并且随着经济的波动或人口结构的变化，需要不间断地对制度进行调整，因此，在提高养老金长期可持续发展能力方面，参数式改革通常不如结构式改革那样彻底。

1. 提高退休年龄，加强退休年龄和待遇之间的联系

一方面，通过强制立法来提高退休年龄。这种强制性的方式在德国是很难通过的，从 1992 年改革到 2004 年改革，提高退休年龄始终是每次改革必然提出的方案，但始终难以实施，直到 2007 年，卢普委员会提出了将正常退休年龄从 65 岁提升至 67 岁的改革建议，不仅如此，为了防止由于正常退休年龄提高而选择提前退休和伤残退休的现象，委员会同时建议提高提前退休的年龄，这些改革最终于 2007 年开始实施。提高退休年龄是一个渐进的过程，从 2012 年开始，退休年龄每年提高一个月，到 2035

年将提高到 67 岁。此外，伤残养老金也将从 2017 年的 63 岁提升到 2029
年的 65 岁，提前领取养老金的年龄从 60 岁增至 62 岁，对于工作时间较
长（2023 年以前规定至少工作 35 年，2024 年以后规定至少工作 40 年）
的参保人，63 岁时仍能够领取全额伤残养老金。

　　另一方面，在强制性方法难以推行的情况下，德国试图通过加强退休
年龄与待遇之间的联系来鼓励人们延迟退休。1992 年改革规定，除了伤
残养老金的领取年龄为 63 岁外，其他类型的养老金均提高到了 65 岁，此
外，还对提前领取养老金和延迟领取养老金做出了相应的惩罚和奖励，以
65 岁为强制性退休年龄或标准退休年龄，每提前一年领取养老金，可领
取的养老金待遇将减少 3.6%，每延后一年领取养老金，可领取的养老金
待遇将增加 6%。1992 年改革前后，个人在不同年龄退休可领取的养老金
待遇如表 3-3 所示。

表 3-3　1992 年改革前后养老金变动状况

单位：%

年龄	改革前	改革后
62	100.0	89.2
63	100.0	92.8
64	100.0	96.4
65	100.0	100.0
66	107.2	106.0
67	114.4	112.0
68	114.4	118.0
69	114.4	124.0

　　资料来源：Axel H. Borsch-Supan and Christina B. Wilke, The German Public Pension System:
How it Was, How it Will Be, NBER Working Paper, p14, http://www.nber.org/papers/w10525.
　　注：以 65 岁为标准退休年龄，可领取 100%的养老金。

　　2. 改革养老金现值计算方法，增强公共养老金的可持续性
　　改革养老金现值计算方法是德国养老金最常见的改革，由于其计算方
法比较复杂，不像提高退休年龄那样明确，所以这种改革也最容易通过。
　　第一，1992 年改革规定，养老金待遇将随净工资而非总工资的变动
进行调整，这就意味着将养老金缴费率的变动引入待遇的计算中。改革前

后，PV 的计算方式也发生了变化，如公式（1）所示。

$$PV_t = PV_{t-1} \times \frac{AGI_{t-1}}{AGI_{t-2}} \rightarrow PV_t = PV_{t-1} \times \frac{AGI_{t-1}}{AGI_{t-2}} \times \frac{1 - \tau_{t-1}}{1 - \tau_{\tau-2}} \tag{1}$$

其中，AGI 为平均总工资，τ 为养老金缴费率。在新的 PV 计算公式下，如果缴费率上涨，即 $\frac{1 - \tau_{t-1}}{1 - \tau_{\tau-2}} < 1$，那么养老金调整幅度将变小，这实际上将缴费率考虑到养老金待遇的调整中，如果缴费率上升加快，养老金待遇的调整将会受到限制。

第二，由于里斯特改革开始强调构建私人养老金支出，这种主张也反映到养老金现值的计算公式中。和以前相比，里斯特改革中养老金现值的计算公式更加复杂，如公式（2）所示。

$$PV_t = PV_{t-1} \times \frac{AGI_{t-1}}{AGI_{t-2}} \times \frac{\dfrac{d_t}{100} - AVA_{t-1} - \tau_{t-1}}{\dfrac{d_t}{100} - AVA_{t-2} - \tau_{t-2}} \tag{2}$$

其中，AVA_t 是新的私人养老金账户的虚拟缴费率，其取值将逐渐地从 2003 年的 0.5% 提高到 2009 年的 4%，此后恒定保持在 4% 不变。d_t 为敏感因子，在 2010 年之前一直为 100，此后将逐步降低至 90，之所以这样取值，是因为从 2010 年开始，养老金制度赡养比开始快速上升，通过人为地对 d_t 进行调整来实现对养老金指数化水平的控制，从而抑制缴费率的过快上升。但是，很明显，这个敏感因子的灵活性程度较差。

第三，2003 年卢普改革将"人口可持续"引入现值计算中，这使得养老金制度赡养比成为计算养老金待遇时的重要因素，改革后的养老金现值如公式（3）所示。

$$PV_t = PV_{t-1} \times \frac{AGI_{t-2}}{AGI_{t-3}} \times \frac{1 - \delta_{t-2} - \tau_{t-2}}{1 - \delta_{t-3} - \tau_{t-3}} \times \left[\left(1 - \frac{PQ_{t-2}}{PQ_{t-3}} \right) \alpha + 1 \right] \tag{3}$$

其中 δ_t 表示私人养老金缴费率，PQ_t 为制度赡养率，等于养老金领取人数与缴费人数和失业人数之和的比值，$\dfrac{AGI_{t-2}}{AGI_{t-3}} \times \dfrac{1 - \delta_{t-2} - \tau_{t-2}}{1 - \delta_{t-3} - \tau_{t-3}}$ 表示（t-2）年净工资指数，由于数据可获得性方面的原因，该指数在时间上滞后一年，$1 - \dfrac{PQ_{t-2}}{PQ_{t-3}}$ 为可持续因子，反映养老金制度赡养率的变化，α 是人为赋予的权重值，表示人口老龄化带来的养老负担在在职劳动者一代以及养老金领取者一代之间的分配。

三 其他改革

相对于瑞典、意大利和德国进行的较大幅度的养老金改革，欧洲其他国家的改革相对要柔和一些，步伐要慢一些。如果进行细分，这些国家又可以分为两类：一类是以英国为代表的国家，这些国家的公共养老金制度一般属于贝弗里奇模式，养老金待遇水平比较低，在战后的福利膨胀中也并未像德国和瑞典那样将单一的公共养老金制度的优势发挥到极致，在20世纪80年代以来的改革中，对于公共养老金，它们依旧保持了谨慎的态度，将改革的重点放到了建立多支柱的养老金体系上；另一类是以希腊为代表的国家，这些国家的公共养老金制度通常属于俾斯麦模式，但这些国家又是变形了的俾斯麦模式。首先，俾斯麦模式强调养老金对退休前工资的较高替代率以维持退休后较为体面的生活，但这些国家的养老金替代率过于慷慨，堪称世界之最。其次，俾斯麦模式强调养老金制度的分散化管理，但希腊等国家却将这种分散化管理演绎成为碎片化制度，在造成养老金制度不公的同时也给财政带来了极大压力。

1. 通过建立多支柱来降低公共养老金对财政的压力

从20世纪50年代开始，英国在建立私人养老金方面的努力已经开始显现。进入80年代以后，伴随公共养老金财务压力的增大，这种努力就更加明显和制度化。

撒切尔夫人改革伊始，为了增强私人养老金的吸引力，财政部将国民保险缴费的2%划入加入私人养老金者的账户，到1993年，参与人数已经从一开始的50万人增加到500万人，财政补贴也超过20亿英镑，而一开始该补贴只有5000万英镑[1]。在养老金参与人数方面，在80年代末，大

---

[1] Peter Taylor-Gooby, UK pension reform: A test case for a liberal welfare state, in Giuliano Bonoli and Toshimitsu Shinkawa eds, Ageing and Pension Reform Around the World: Evidence from Eleven Countries, Edward Elgar Publishing, Inc., 2005, p. 122.

约有 40% 的工人领取公共的收入关联型养老金，55% 领取私人、职业或个人养老金①，到 1999 年，领取公共的收入关联型养老金者大约降至 20%，29% 领取私人养老金，30% 领取职业养老金②。

到了布莱尔时期，私人养老金计划进一步得以规范。自 1986 年建立私人养老金以来，除了在营销中存在严重的欺诈问题外，还有销售经纪佣金和管理费用过高的问题，昂贵的管理费用使得一些低收入者觉得加入养老金计划中无利可图，从而抑制了参加该计划的动力。为了解决该问题，工党政府于 1999 年推出了低管理成本的"存托养老金计划"，根据"1999 年福利改革和养老金法案"和 2000 年颁布的"存托养老金计划管理条例"（*The Stakeholder Pension Schemes Regulations* 2000），该计划可以由雇主、商业机构、工会等组织提供，法律规定，养老金提供者在申请建立该计划时，必须符合两个最基本的条件：第一，必须是货币购买计划，达到退休年龄时必须将其用于购买年金；第二，必须维持低成本管理，计划的年管理费用不能超过养老基金价值的 1%。针对计划提供者可能出现的入不敷出的财务问题，政府制定了相应的优惠政策措施，以减轻养老金计划提供者的负担，例如，对其投资买卖可以免除交易印花税及其他费用等。

改革后的英国养老金制度共分为三个支柱：第一支柱是国家基本养老金，遵循统一缴费统一待遇的原则；第二支柱是补充的收入关联型养老金，包括面向中高收入群体的第一养老金和面向低收入群体的第二养老金；第三支柱是大规模的私人养老金计划，主要是"协议退出"第二支柱的高收入者加入。总结英国 20 世纪 80 年代以来的养老金制度改革可以发现，这一时期的改革最大的特点就是私有化，原有的由公共部门提供的、政府财政负担的养老金制度逐步被缩减至最小范围，其主要作用变为维持最低生活，甚至是减贫，而私人养老金制度，包括职业养老金和个人储蓄式养老金已成为整个养老金体系的主体，一如新工党养老金改革目标

① Agulnik, P., Pension Tax Reform and the Green Paper, Casepaper 24, LSE, 1999; DSS, The Changing Welfare State, Social Security Paper no. 2, HMSO, 2000.

② House of Lords, Welfare Reform and Pensions Bill: Explanatory Notes, session 1998-99, HL Bill 62-EN, 1999.

指出的那样，到 2050 年，英国公私养老金的比重将从当前的 40：60 变为 60：40。

从欧洲各国的实践看，在建立多支柱养老金体系的国家，其养老金公共支出压力要比那些实行单一制度的国家小得多。如表 3-4 所示，在实行多支柱的英国和丹麦，其养老金公共支出占 GDP 的比重一般维持在 5%~6%，瑞典和德国的养老金公共支出占比要高一些，尤其是德国已经超过了 10%，这在一定程度上可以证明，多支柱体系对于降低公共养老金的财政支出压力是有一定作用的。

表 3-4　1990~2009 年欧洲四国养老金公共支出占 GDP 的比重

单位：%

年份	1990	1995	2000	2004	2005	2006	2007	2008	2009
德国	9.7	10.7	11.2	11.6	11.4	11.0	10.6	10.5	11.3
瑞典	7.7	8.2	7.2	7.7	7.6	7.3	7.2	7.4	8.2
英国	4.8	5.4	5.3	5.5	5.6	5.3	5.3	5.7	6.2
丹麦	5.1	6.2	5.3	5.3	5.4	5.5	5.5	5.6	6.1

注：2004 年之前选取的是部分整数年的数据。

资料来源：OECD，" Pension expenditure"，in " OECD Factbook 2011 - 2012：Economic，Environmental and Social Statistics"，OECD Publishing，2011；OECD，" Pension expenditure"，in "OECD Factbook 2013：Economic，Environmental and Social Statistics"，OECD Publishing，2013.

2. 财政危机背景下的被动改革

面对制度运行过程中存在的弊端，希腊也曾经做过主动改革的努力。自 20 世纪 90 年代以来，希腊政府先后发起五次改革，但由于制度碎片化的存在，特权阶层极力维护自己的利益，各利益群体难以协调，也就导致 5 次改革都无疾而终。最终，在债务危机的推动下，同时也是为了换取国外援助，2010 年，希腊接受了欧元区国家对希腊提出的 13 条救助条款，其中 5 条是关于养老金方面的，根据这些条款，希腊于 2010 年 5 月 21 日宣布了养老金改革方案，其中包括：将女性退休年龄从 60 岁提高到 65 岁，从而达到和男性一样的水平，同时将领取全额养老金需要的缴费年限从 35 年扩展到 40 年，每减少一年，养老金将减少 6%；力争到 2015 年平均退休年龄从当前的 61.4 岁提高到 63.5 岁，政府可以惩罚那些提前退休

者；将国家养老金削减 10%，月养老金从 400 欧元降至 360 欧元；计算养
老金待遇的参考工资从原来的退休前工资扩展到整个职业生涯的平均工
资；从 2014 年开始，养老金待遇开始以 GDP 变动为调整基础，当经济放
缓时，养老金待遇将进一步降低；限制可以提前领取养老金的职业范围，
严格伤残养老金的领取规则；对于月养老金超过 1400 欧元的部分每月征
收 5%~10% 的税，并降低假期津贴①。

此次改革将走向何方？是否能够顺利地进行下去？还是像以前那样无
疾而终？政府是否有能力有魄力将此次改革推行下去？人们拭目以待。

四 这一时期财政补贴养老金的特征

20 世纪七八十年代的经济危机为欧洲各国养老金制度的发展敲响了
警钟，经济低迷使得养老金财务难以为继，更是给财政带来巨大压力，对
此，自 20 世纪八九十年代以来，欧洲各国尝试改革，增强养老金自身财
务的可持续性，并扩大养老金与财政之间的距离。

通过以上改革，有些国家的确取得了一定的改革成效。首先，财政更
加关注弱势群体，缴费型制度和非缴费型制度的定位得以纠正，财政的公
共产品属性得以强化。在瑞典，财政对公共养老保障制度的补贴一方面体
现在非缴费型制度上，另一方面体现在为弱势群体缴费上，除此之外，瑞
典财政从原则上不再补贴公共养老保险。其次，通过改革，一些国家的养
老保险制度力求精算中性，加强缴费与待遇之间的联系，将养老金制度与
人口和经济状况结合起来，当人口老龄化趋势加深或经济缓行趋势明显
时，养老保险待遇将相应地降低，这种改革是理性的，老年人口同样要承
担人口结构变动和经济低迷带来的影响。再次，不少国家在此次改革中建
立起自动平衡机制，加强制度本身的独立性和自我平衡性，以收定支，实
际上是将养老保险制度回归到"保险"的本质上来，这无论是对养老保
险制度本身来说，还是对降低财政压力来说，都是理性的。据 OECD 相关
统计显示，未来瑞典公共养老保险支出占 GDP 的比重将维持在相对稳定

的水平，2010年为9.6%，预计到2050年将降至9%，之后可能有所提升，但公共养老保险支出占GDP的比重将维持在10%以内，这个占比在没有实行多支柱改革的国家中处于低水平行列①。

第五节 小结

通过对公共养老保险与财政之间关系的历史总结，我们可以发现，养老保险制度并非天生需要财政补贴，外部经济和人口条件是财政大规模补贴养老保险的"催化剂"，而养老保险制度本身的设计又决定了财政可以在多大程度上深入养老保险内部。

1. 经济和人口是决定养老保险和财政之间关系的基础因素

这种特征特别明显地体现在第二次世界大战之后的养老保险制度发展中。如前所述，第二次世界大战后，各国经济发展进入繁荣期，经济快速增长为发展养老保险制度提供了物质基础，另外，第二次世界大战后老年人口赡养比下降，代际赡养关系相对轻松，良好的经济发展状况以及人口条件为现收现付制养老保险提供了肥沃土壤；但进入20世纪70年代以后，各国陷入"滞涨"危机，养老保险制度的基金来源削减，以瑞典为例，90年代的经济危机使得养老保险缴费费基减少了10%左右，但在支出方面，养老金制度依旧延续了以往的慷慨态势，养老金债务持续增加；在人口方面，随着人口老龄化程度不断加深，养老保险制度的赡养比持续提高，在不改变退休年龄和养老金待遇的前提下，养老保险支出呈现无序状态。

2. 养老保险制度结构是决定养老保险和财政之间距离的关键因素

养老保险制度设计本身决定了养老保险和财政之间的距离。在养老保险初建之时，各国多选择基金积累制，在这种模式下，养老保险的待遇和缴费完全精算中性，财政补贴极为有限和谨慎，可随着现收现付制养老保险制度的建立，待遇和缴费之间的精算关系消失，大多数国家的养老保险

---

① OECD, "Pensions at a Glance 2011: Retirement - income Systems in OECD and G20 Countries", OECD Publishing, 2011, p.159.

待遇是过去某段工作时期平均工资的百分比，如瑞典的"15/30"原则，即养老保险待遇基础是过去工作30年间收入最高15年的平均收入，这种待遇计算方式完全忽略了缴费和待遇之间的联系，待遇要大于缴费，这其中的差额通常由财政弥补，此外，第二次世界大战后养老保险制度的退休年龄不断下降，亦是导致支出增加的重要因素。

第四章
我国养老保险制度的变迁和发展

我国的养老保险制度已经走过了 67 个年头，从劳动保险到社会保险，从传统制度走向新型制度，养老保险在保障老年人生活、维护社会稳定以及构建社会主义和谐社会的进程中发挥了关键作用。大体来看，我国养老保险制度的发展可分为三个阶段：新中国成立以来至 1978 年的传统养老保险阶段、20 世纪 80 年代的养老保险改革探索和方向选择阶段、20 世纪 90 年代以来新型养老保险建立和成熟阶段。

第一节　传统养老保险制度变迁和发展

新中国成立之时，国家百废待兴，人民生活颠沛流离，为了稳定经济秩序和保障人民生活，党和国家开始着手建立包括社会保险、社会救助、贫困救济等方面在内的社会保障制度，1951 年，政务院颁布《中华人民共和国劳动保险条例》，我国城镇职工劳动保险制度逐步建立起来。在覆盖范围方面，劳动保险面向所有类型企业，之后，我国企业所有制结构从多种所有制转向单一的全民所有制，也就意味着劳动保险的覆盖范围更加单一化。在资金筹集方面，企业缴纳全部工资总额的 3% 作为保险费，个人无须缴费，替代率大约为 50%~70%（1956 年修订条例中规定）。在机关和事业单位养老保险方面，1955 年，国务院建立机关事业单位养老保险制度，规定机关事业单位工作人员的退休金由本人退休后居住地点的县级人民委员会在优抚费用项下发给，替代率是本人工资的 50%~80%。至此，我国传统养老保险制度建立起来。在农村，1960 年我国开始实行

"五保制度",实际上是对农村贫困孤寡老人的保障,属于社会救济范畴。值得肯定的是,劳动保险制度为新中国成立后的企业职工提供了较为全面的保障,且覆盖范围大。经过1953年和1956年的两次制度扩面后,1956年,全国领取劳动保险待遇的职工人数占全部职工人数的比重为94%①。企业按照工资总额3%上缴工会管理的劳动保险费从1951年的3327万元上升至1958年的2.6亿元,同期,领取劳动保险待遇的职工人数从262万人提高到1377万人②。

　　从制度结构来看,1955年建立起来的养老保险制度是分立的,包括企业的制度以及机关事业单位的制度。随着第一个"五年计划"的胜利完成,1958年,国务院《关于工人、职员退休处理的暂行规定》对养老保险的参保对象、退休条件和退休待遇等做出了规定,其中,养老保险待遇为本人工资的40%~70%不等。根据该规定,企业和机关事业单位的养老保险制度合并成一个制度,这种制度模式一直维持到1969年。十年"文革"对我国的劳动保险事业造成了巨大破坏,1970年,劳动部被撤销,工会系统工作陷入混乱,劳动保险管理机构无法履行原有职能。1969年,财政部颁发的《关于国营企业财务工作中几项制度的改革意见(草案)》规定,"国营企业一律停止提取劳动保险金","企业的退休职工、长期病号工资和其他劳保开支,改在营业外列支"③。这标志着之前的全国统筹的劳动保险制度蜕化为企业保险制度,劳动保险成为企业的内部事务。

　　"文革"时期,不仅将劳动保险制度从全国统筹变为企业内部统筹,更是导致整整200余万人无法领取养老金④。面对此情况,1978年,国务院颁布104号文,该文件标志着我国养老保险制度开始恢复。值得注意的是,104号文再次将1958年统一的退休制度分为工人退休制度和干部退休制度两部分。随着104号文的实施,全国退休人数有了较快的增长,1979年为596万人,到1980年则增加到816万人,应退未退问题得到有

① 严忠勤:《当代中国的职工工资福利和社会保险》,中国社会科学出版社,1987,第307页。
② 李文德:《新中国的劳动保险事业》,《劳动》1959年第19期。
③ 转引自郑秉文、于环、高庆波《新中国60年社会保障制度回顾》,《当代中国史研究》2010年3月第17卷第2期。
④ 严忠勤:《当代中国的职工工资福利和社会保险》,中国社会科学出版社,1987,第324页。

效解决，到 1991 年底，退休人数已达到 2433 万人。同期，养老金支出快速上升，1978 年为 17.3 亿元，到 1991 年增加到 458.5 亿元，人均养老金从 1978 年的 551 元提高到 1991 年的 1936 元①。

虽然传统养老保险制度得以恢复，但在新形势下，制度的缺点不断地显现出来。首先，劳动保险完全是企业事务，企业负担重且不均。"文革"后期，国有企业开始面临经营困难问题，1976 年，国有企业发生大面积亏损，全国全民所有制企业的亏损面和亏损率分别达到 31.52% 和 19.44%②，劳动保险基金来源极为不稳定，企业经营状况的好坏直接影响企业劳动保险制度的执行，且不同企业面临的老年人口赡养比例不同，年龄结构较为年轻的企业负担较轻，反之企业负担就较重。其次，传统养老保险制度是与全民所有制企业相联系的，即所谓的正规单位就业。但随着社会经济的发展，就业模式多样化，非正规就业人口增加，1979 年，全国城镇正规部门职工人数有 9000 多万人，而全国城镇待业青年则达到了 1200 万人③。同时，非公有制经济迅速发展，城镇私营企业和个体从业人员数从 1978 年的 15 万人增加到 1991 年的 760 万人④，也就意味着一大批人口处于制度之外，享受不到相关的保险待遇。劳动保险制度不能匹配当时的经济社会发展趋势，改革势在必行。

第二节　养老保险改革探索和方向选择

进入 20 世纪 80 年代后，国家一方面恢复原有的劳动保险制度，另一方面，面对日益增多的集体企业职工和劳动合同制职工，我国也开始探索新的养老保险模式。

在集体企业职工方面，1978 年，我国大约有 2000 万名集体企业职工

---

① 国家统计局：《中国劳动统计年鉴 1996》。
② 郑海航：《国有企业亏损研究》，经济管理出版社，1998，第 14 页，第 19 页。
③ 陈佳贵、王延中：《中国社会保障发展报告（2010）：让人人享有公平的社会保障》，社会科学文献出版社，2010。
④ 国家统计局：《数字中国三十年——改革开放三十年统计资料汇编》，中国统计出版社，2008。

的养老保障问题得不到解决①，对此，自 1981 年起，我国开始进行集体企业职工养老保险试点：第一，保险公司举办的人身保险，属于基金积累制，个人退休后的待遇主要决定于工作时期的缴费额和时间，截至 1983 年底，全国有 15 个省市的 1883 个城镇集体企业的 84780 名职工参与该计划。第二，以支定收，进行统筹。该统筹计划的管理主体是劳动部门，如重庆江北区规定，城镇集体企业按工资总额的 15% 筹集基金，职工缴费率为 2%，职工退休后，根据工龄的长短，可按照本人标准工资的 50%～80% 领取养老金，辽宁锦州地区则进行行业统筹试点②。在上述试点的基础上，1984 年，我国发布《关于城镇集体企业建立养老保险制度的原则和管理问题的函》，指出当务之急是解决城镇集体企业职工的养老金问题，使企业职工老有所养，在具体实施中，实行企业和个人共同缴费，并由中国人民保险公司经办管理，这实际上是肯定了第一种试点形式，即采取基金积累制解决城镇集体企业职工的养老保险问题。虽然肯定了基金积累制，但该文件依然允许已有的统筹计划继续运行。由此可见，从 20 世纪 80 年代起，我国城镇集体企业养老保险的探索方向是多样化的。

在劳动合同制职工方面，随着劳动合同制职工大量增加（1984 年为 209 万人，到 1986 年则增加到 624 万人），该群体的劳动保障问题日益引起政府的关注。1986 年，国务院颁布《国营企业实行劳动合同制暂行规定》，其中第二十六条规定，国家对劳动合同制工人退休养老实行社会保险制度。退休养老基金的来源，由企业和劳动合同制工人缴纳，改变了以往完全由国家和企业负担的办法。退休养老金不敷使用时，国家给予适当补助。合同制职工的养老保险中初现"三方负担"的雏形，该原则也为之后探索新型养老保险制度提供了方向和选择。此外，《暂行规定》还规范了养老保险制度的缴费模式、融资模式和待遇模式，在缴费方面，企业缴费率为 15% 左右，职工缴纳的保险费不超过本人标准工资的 3%；在融资方面，养老保险制度采取基金积累制，所有缴费存入银行，按照城乡居民个人储蓄存款利率计算利息；在待遇方面，退休金标准根据缴纳退休养

---

① 国家统计局：《中国统计年鉴 1996》。
② 陈佳贵、王延中：《中国社会保障发展报告（2010）：让人人享有公平的社会保障》，社会科学文献出版社，2010，第 15 页。

老基金年限长短、金额多少和本人一定工作期间平均工资收入的不同比例确定。在制度经办方面，劳动合同制工人的养老保险制度由劳动行政主管部门所属的社会保险专门机构管理，其主要职责是筹集退休养老基金，支付退休养老费用和组织管理退休工人。

总结这一时期传统养老保险制度变迁过程可以发现，1978年以后，随着国家经济体制改革的推进，在多种所有制和多种分配形式不断涌现的背景下，传统养老保险制度不能匹配当时的社会经济发展。20世纪80年代成为我国养老保险制度的重要探索期，各地区、各行业纷纷探索试点不同的养老保险模式。相关部门在反思存在问题的基础上，逐步将养老保险制度扩展至集体企业和劳动合同制职工，基金积累型的养老保险制度开始出现，为我国以后养老保险制度的选择提供了有利的借鉴。这一时期养老保险制度的发展主要体现在三个方面：第一，制度覆盖范围持续扩大，养老保险不再是全民所有制企业和"单位人"的"特权"，集体所有制企业和合同制工人被覆盖到新型的养老保险制度中；第二，三方负担模式初现雏形，国家，企业和个人三方利益得以在新型养老保险制度中整合；第三，统一了对多层次养老保障制度的认识，国家基本养老保险、企业补充保险和个人储蓄保险都被视为养老保障的不同层次。但这一时期的发展依旧存在不足，地区试点导致制度林立，为之后的制度统一设置了障碍。

第三节　新型基本养老保险制度的建立和成熟

进入20世纪90年代以来，我国开始探索建立新型城镇职工养老保险制度，标志着我国的养老保险体系进入新的发展时期，新制度在探索和发展过程中逐渐走向成熟。与此同时，居民养老保险制度从无到有，从农村到城市，逐步建立起城乡统一的制度框架体系。两类制度的覆盖范围不断扩大，保障人口持续增加，基本构建起覆盖全部人群的养老保障体系。

一　新型城镇企业职工基本养老保险制度建立

1991~1997年是我国新型城镇企业职工养老保险制度的探索和定型期。1991年，国务院发布《关于企业职工养老保险制度改革的决定》，规定养老保险费由国家、企业和职工三方负担，基金按照以支定收、略有结余、留有部分积累的原则统一筹集。1993年，党的十四届三中全会通过《中共中央关于建立社会主义市场经济体制若干问题的决定》，其中明确提出"建立多层次的社会保障体系，实行社会统筹和个人账户相结合"的制度目标，为城镇企业职工基本养老保险制度指明方向。1995年，国务院发布《关于深化企业职工养老保险制度改革的通知》，确定"基本养老保险费用由企业和个人共同负担，实行社会统筹与个人账户相结合"的建制原则，并对制度的资金来源、管理、社会化等方面进行了规定，提供了可供各省选择的两个实施方案，这样一方面可以调动地方政府的积极性，使其选择真正适合当地的养老保险制度，另一方面也能形成全国各地不同养老保险方案同时存在的局面。对此，1997年，国务院出台《关于建立统一的企业职工基本养老保险制度的决定》，该文件是我国养老保险改革历程中重要的里程碑，对养老保险制度进行了"三个统一"：其一，统一个人账户的规模和资金来源，个人账户规模统一为本人缴费工资的11%，其中8%为个人缴费，3%为企业缴费；其二，统一规定企业缴费的比例，企业缴费比例不超过企业工资总额的20%；其三，统一规定养老金计发办法，"新人"的基本养老保险金由基础养老金和个人账户养老金组成；等等。

　　这一时期，我国城镇企业职工基本养老保险制度取得了以下成绩：第一，覆盖范围不断扩大，到1995年，国有企业和城镇集体企业的基本养老保险已覆盖全国所有地区①。第二，参保人数不断增加，全国参加基本养老保险的职工从1989年的4816.9万人增长到1997年的8670.9万人，同期，离退休参保人数增加1639.6万人。第三，养老保险基金规模迅速扩大，1989年，基金收入、基金支出和累计结余分别为146.7亿元、118.8亿元和68亿元，到1997年，三项数据分别提高到1337.9亿元、1251.3亿元和682.8亿元，这意味着我国养老保险制度的整体规模不断扩大，具体情况如图4-1、4-2所示。

---

① 中华人民共和国人力资源和社会保障部：《1995年度劳动统计事业发展公报》。

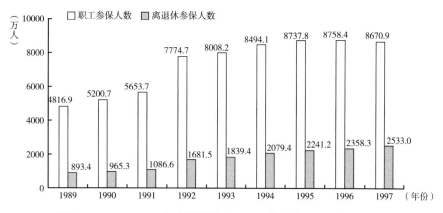

图 4-1 1989~1997 年我国城镇企业职工基本养老保险参保人数

资料来源：中华人民共和国人力资源和社会保障部：《中国劳动统计年鉴 2008》。

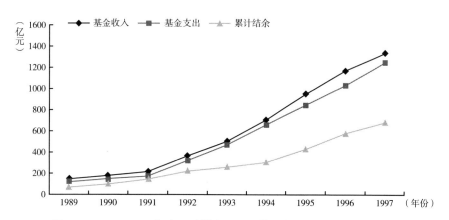

图 4-2 1989~1997 年我国城镇企业职工基本养老保险基金收支情况

资料来源：中华人民共和国人力资源和社会保障部：《中国劳动统计年鉴 2008》。

二 新型城镇企业职工基本养老保险迅速发展并走向成熟

新型城镇企业职工基本养老保险制度建立后，在正确研判制度面临的外部环境变化以及制度本身发展规律的基础上，我国对基本养老保险制度进行了一系列的改革。2000 年，国务院发布《关于完善城镇社会保障体系的试点方案》，决定 2001 年在辽宁省进行包含企业职工基本养老保险在内的城镇社会保障体系的改革试点。《试点方案》进一步明确了统账结合的基本养老保险制度，规定企业缴费部分不再划入个人账户，全部纳入社会统筹基金，并以省为单位进行调剂。2004 年，试点范围扩大到吉林省和黑龙江省。2005 年，在总结东北三省试点经验的基础上，国务院发布了《关于完善企业职工基本养老保险制度的决定》，提出城镇各类企业职工、个体工商户和灵活就业人员都要参加企业职工基本养老保险；个人账户缴费由 11% 下调到 8%，全部由个人缴费构成，逐步做实个人账户；改革养老金计发办法，基础养老金与缴费年限、缴费工资和退休时间挂钩，个人账户养老金的计发办法更加灵活；建立基本养老金的正常调整机制，调整幅度为省、自治区、直辖市当地企业在岗职工平均工资年增长率的一定比例；提高统筹层次，在完善市级统筹的基础上，尽快提高统筹层次，实现省级统筹等。

为更好地保障劳动者在不同统筹地区流动时的养老保险权益，2009 年，人力资源和社会保障部印发《关于城镇企业职工基本养老保险关系转移接续若干问题的意见》，其目的是解决养老保险关系转移接续过程中资金转移标准的统一、确定缴费工资指数、处理多重养老保险关系问题、参保人员欠费问题以及特殊群体个人账户的清退处理问题等。2016 年，人力资源和社会保障部发布《关于城镇企业职工基本养老保险关系转移接续若干问题的通知》，对转移接续工作中出现的一些新情况和新问题进一步进行了规范和解决。2018 年，为均衡地区间企业职工基本养老保险基金负担，实现基本养老保险制度可持续发展，国务院决定建立养老保险基金中央调剂制度。在现行企业职工基本养老保险省级统筹基础上，建立中央调剂基金，对各省份养老保险基金进行适度调剂，确保基本养老金按时足额发放。在此基础上，为解决各省份之间养老保险基金结构性矛盾日益突出的问题，从 2022 年 1 月开始，实施企业职工基本养老保险全国统筹。

随着城镇企业职工基本养老保险制度的不断完善以及企业与机关事业单位基本养老保险制度的统一，我国城镇职工养老保险制度得以迅速发展，主要体现在以下几个方面。

第一，制度参保人数快速上升，制度覆盖面不断扩大。1998 年，城镇企业职工养老保险参保人数为 1.12 亿，其中在职职工参保人数为 8476

万人，离退休参保人数为 2723 万人。到 2022 年末，全国参加城镇职工基本养老保险制度的人数提高到 5.04 亿人，其中职工参保人数为 3.67 亿人，离退休人员参保人数为 1.36 亿人，城镇职工基本养老保险执行企业制度参保人数为 4.44 亿人。从整体上看，1998~2022 年我国城镇职工基本养老保险参保人数呈现逐年增加的态势，如图 4-3 所示。

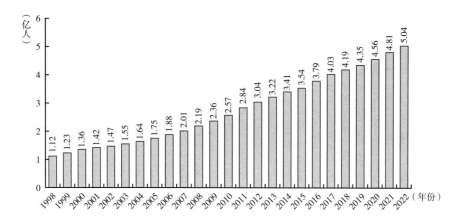

图 4-3 1998~2022 年我国城镇职工基本养老保险参保人数

资料来源：人力资源和社会保障部 1998~2022 年《人力资源和社会保障事业发展统计公报》。

第二，养老保险基金收支规模持续扩大，为提供稳定的老年保障奠定了基础。1998~2022 年，城镇职工基本养老保险的基金收入、支出和累计结余均呈现稳定提升的态势。1998 年，城镇职工养老保险基金收入为 1459 亿元，支出为 1511.6 亿元，当期期末滚存结余为 611.6 亿元，当期收不抵支缺口为 52.6 亿元。之后，这种情况发生转变，从 1999 年开始到 2022 年，每年（除 2020 年）养老保险基金的当期收入均大于当期支出。2022 年，养老保险基金收入为 6.33 万亿，是 1998 年的 43.4 倍之多，基金支出为 5.9 万亿，是 1998 年的 39 倍之多，基金累计结余为 5.69 万亿，是 1998 年的 93 倍，制度规模与当初早已不可同日而语。制度覆盖面的不断扩大以及累计结余的持续增加为城镇职工养老保险基金的可持续运行奠定了坚实基础。

第三，养老保险待遇持续上升。2004 年，劳动和社会保障部发布《关于从 2004 年 7 月 1 日起增加企业退休人员基本养老金的通知》，开启

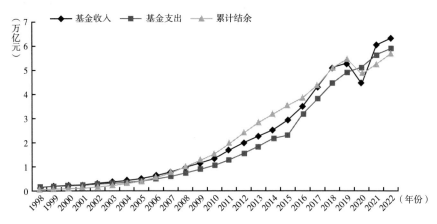

图 4-4　1998~2022 年城镇职工养老保险基金收支情况

资料来源：人力资源和社会保障部历年《人力资源和社会保障事业发展统计公报》。

了企业退休人员基本养老保险待遇的"二十连升"，如表 4-1 所示。2004 年，城镇职工基本养老保险人均月待遇为 647 元①，到 2023 年，这一标准提高到 3225 元②。待遇的持续上升为企业退休人员提供了相对稳定的生活预期，使得更多人从制度中收益。

表 4-1　2004~2023 年全国城镇企业退休人员基本养老金提升情况

2004 年	2005 年	2006 年	2007 年	2008 年
当地上年企业在岗职工平均工资增长率的 45% 左右	当地上年企业在岗职工平均工资增长率的 60% 左右	当地上年企业在岗职工平均工资增长率的 100% 左右	当地上年企业在岗职工平均工资增长率的 70% 左右	上一年退休人员月人均基本养老金的 10%
2009 年	2010 年	2011 年	2012 年	2013 年
上一年退休人员月人均基本养老金的 10%	上一年退休人员月人均基本养老金的 10%	上一年退休人员月人均基本养老金的 10%	上一年退休人员月人均基本养老金的 10%	上一年退休人员月人均基本养老金的 10%

① 央广网：《大数据解读为何要"实现基本养老保险全国统筹"》。
② 人力资源和社会保障部在 2022 年 4 月 16 日《进一步织密社会保障安全网》新闻中提到，2021 年，我国企业退休人员月人均养老金为 2987 元，根据 2022 年和 2023 年养老金提升标准，计算出 2023 年企业退休人员月人均养老金为 3225 元。

2014 年	2015 年	2016 年	2017 年	2018 年
上一年退休人员月人均基本养老金的 10%	上一年退休人员月人均基本养老金的 10%	上一年退休人员月人均基本养老金的 6.5%	上一年退休人员月人均基本养老金的 5.5%	上一年退休人员月人均基本养老金的 5%
2019 年	2020 年	2021 年	2022 年	2023 年
上一年退休人员月人均基本养老金的 5%	上一年退休人员月人均基本养老金的 5%	上一年退休人员月人均基本养老金的 4.5%	上一年退休人员月人均基本养老金的 4%	上一年退休人员月人均基本养老金的 3.8%

资料来源：根据每年发布的城镇企业退休人员基本养老金提升的相关通知和新闻整理。

第四，做实个人账户，部分实账运行的目标实现。新型养老保险在建制上选择统筹账户和个人账户相结合的模式，其主要目标是实现基金的部分积累。新制度建立之初，没有解决好转型成本的问题，导致在实际运行中出现了"空账"运行的问题，"空账"引起大众的关注。针对这一问题，2000 年我国开始做实个人账户，探索把统筹账户部分和个人账户部分分账管理和独立运营。之后，试点地区不断增加，2003 年吉林和黑龙江加入试点，2006 年又有 8 个省（区、市）加入进来，分别是天津、上海、山西、山东、河南、湖北、湖南和新疆，2008 年江苏和浙江又自愿加入，至今参加做实个人账户试点的省（区、市）共有 13 个。随着个人账户的做实，部分积累制的目标逐步实现。

第五，城镇企业职工基本养老保险统筹层次逐步走向全国统筹。从 2018 年起，我国开始实施企业职工基本养老保险基金中央调剂金制度，当年调剂比例为 3%，调剂基金总规模为 2422 亿元，此后调剂比例和调剂基金总规模不断提高，如表 4-2 所示，2021 年的调剂比例提高到 4.5%，调剂基金总规模也增加至 9327 亿元。2022 年 1 月 1 日，企业职工基本养老保险实施全国统筹，全国共跨省调剂资金 2440 亿元，有力支持了基金困难省份的养老金发放。[1]

---

[1] 数据来源：2023 年 1 月 18 日人力资源和社会保障部举行的 2022 年第四季度新闻发布会公布的数据。

表4-2　2018~2021年城镇企业职工基本养老保险中央调剂金的比例和规模

	2018 年	2019 年	2020 年	2021 年
调剂比例（%）	3	3.5	4	4.5
调剂总规模（亿元）	2422	6303	7400	9327

资料来源：2018~2021年《人力资源和社会保障事业发展统计公报》。

三　新型城乡居民养老保险制度迅速发展

从整个制度变迁和发展过程来看，我国城乡居民养老保险制度从农村养老保险开始建立，最终发展为城乡统筹的居民养老保险。1992年我国首次建立起农村居民养老保险制度，该方案规定了农村养老保险的缴费模式、筹资模式和待遇模式，并将其确定为基金积累制。但制度实施效果并不好，有的农民每月甚至还领不到3元钱[1]，发挥不了实际的保障作用。面对不断出现的农村老年贫困，2009年，《国务院关于开展新型农村社会养老保险试点的指导意见》对农村居民参与新型社会养老保险进行了具体规定，其中包括缴费、待遇构成以及财政补贴等方面内容，由此建立起了社会统筹和个人账户相结合的"新农保"制度。在城镇居民方面，2011年《国务院关于开展城镇居民社会养老保险试点的指导意见》在缴费、待遇和财政补贴方面规定了和"新农保"基本类似的框架体系，也为之后的制度统一埋下伏笔。在各地制度实际执行中，有些省份尝试对两种制度进行整合，如山东省在2013年实现了城乡居民养老保险制度并轨运行，而国家层面有关制度整合的相关文件出台于2014年，在总结"新农保"和"城居保"试点的基础上，《国务院关于建立统一的城乡居民基本养老保险制度的意见》将上述两项制度合并实施，由此建立起全国统一的城乡居民养老保险制度。具体如表4-3所示。

---

[1]　刘姝宏、吕沛：《每月3元"最牛"养老金缘起老农保制度，新农保将提高八亿农民养老待遇》，http://finance.ifeng.com/roll/20090901/1178676.shtml。

表 4-3　我国居民基本养老保险发展历程

	新农保(2009 年)	城居保(2011 年)	城乡居保(2014 年)
个人缴费档次	每年 100~500 元 5 个档次,根据农村居民人均纯收入变动进行调整	每年 100~1000 元 10 个档次,根据城镇居民人均可支配收入变动进行调整	每年 100~2000 元 12 个档次,根据城乡居民收入变动进行调整
财政补贴	每人每年不低于 30 元,对于选择较高档次缴费者,适当给予鼓励	每人每年不低于 30 元,对于选择较高档次缴费者,适当给予鼓励	每人每年不低于 30 元,选择 500 元及以上缴费档次者,每人每年补贴不少于 60 元
缴费年限	15 年,制度实施时超过 45 岁者,60 岁减去实际年龄为应缴费年限,低于 45 岁者,应按年缴费,可补缴	15 年,制度实施时超过 45 岁者,60 岁减去实际年龄为应缴费年限,低于 45 岁者,应按年缴费,可补缴	15 年,制度实施时超过 45 岁者,60 岁减去实际年龄为应缴费年限,低于 45 岁者,应按年缴费,可补缴
待遇领取条件	制度实施时已满 60 周岁,可领取基本养老保险待遇,但其符合条件子女应当参保缴费	满 60 周岁,符合缴费规定,未参加职工养老保险的城镇居民	满 60 周岁,符合缴费规定,且未领取国家规定的基本养老保障待遇者
基础养老金	55 元/人/月•	55 元/人/月	地方根据中央确定的最低值适度调整
个人账户养老金	个人账户余额/139	个人账户余额/139	个人账户余额/139

资料来源:《国务院关于开展新型农村社会养老保险试点的指导意见》《国务院关于开展城镇居民社会养老保险试点的指导意见》《国务院关于建立统一的城乡居民基本养老保险制度的意见》,具体见人力资源和社会保障部网站。

城乡居民养老保险制度的建立无疑是我国养老保障制度的一大突破,它弥补了我国非就业人口正规养老保障制度长期缺位的空白,同时将养老保险制度由就业人口扩展至非就业人口,也为建立全国统一的养老保险制度奠定了基础。新型居民养老保险制度建立以来,发展迅速,主要体现在以下几个方面。

第一,制度规模迅速扩大。2010 年是居民养老保险制度的转折点,在此之前,城乡居民养老保险制度主要是指 1992 年"旧农保"和部分"新农保"试点。在 1992 年旧农保制度下,基金收入呈现一定的增长,从 1993 年的 6.64 亿元增加到 1997 年的 42.2 亿元,基金支出从 2857 万元提高到 3.3 亿元，滚存结余从 14.8 亿元上升到 139.2 亿元①。之后，农村养老保险官方统计数据一直处于断断续续的状态，特别是在基金收入方面，一些地方停止了农村养老保险的运行，制度收入不断减少。直到 2010 年，农村养老保险制度收入开始重新进入我国官方统计公报里，当年制度收入为 453 亿元，2011 年制度收入翻了一番达到 1110 亿元，此后稳步发展，直到 2022 年的 5609 亿元。在基金支出方面，2010 年亦是迎来了转折点，此前农村养老保险支出一直是在 100 亿元以下，到 2010 年突然提高到 200 亿元，之后其发展趋势与制度收入类似，在 2022 年增加至 4044 亿元。在基金累计结余方面，自 2010 年以来更是呈现直线上升的态势，从 2010 年的 423 亿元增加到 2022 年的 12962 亿元，如图 4-5所示。

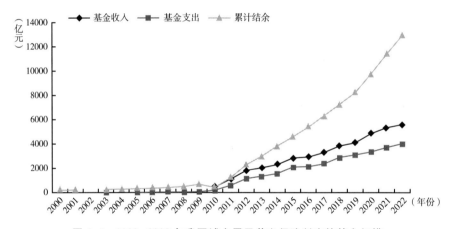

图 4-5 2000~2022 年我国城乡居民养老保险制度的基金规模

注：2010 年之前，城乡居民养老保险制度仅包括农村养老保险制度。
资料来源：人力资源和社会保障部历年《人力资源和社会保障事业发展统计公报》。

第二，新制度下参保人数和受益人数快速增长。在旧制度下，农村养老保险的参保人数呈现先升后降的特征，比如 1994 年参保人数为 2718 万人，到 1997 年增加至 7452 万人，但到 2007 年又降至 5171 万人。受益人数并未呈现下降趋势，虽然 1998~2002 年官方数据缺失，但 1994~1997

---

① 中华人民共和国民政部 1993~1997 年民政事业发展统计报告。

年受益人数从 17 万人增至 61.4 万人，到 2003 年受益人数增加到 198 万人[①]，这与制度收入和支出的发展趋势类似。2011 年和 2012 年是新型城乡居民养老保险制度的迅速扩面期，如图 4-6 所示。两年间制度参保人数和受益人数分别增加了 3.8 亿人和 1 亿人，之后，从 2013 年开始，城乡居民养老保险制度进入平稳发展期，在 2012~2019 年，参保人数和受益人数分别增加了 6582 万人和 3389 万人，随着平稳发展期的到来，制度扩面进入缓慢发展阶段。

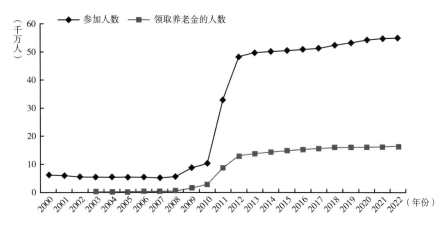

图 4-6　2000~2022 年我国城乡居民养老保险制度的参保规模

资料来源：人力资源和社会保障部历年《人力资源和社会保障事业发展统计公报》。

第三，待遇水平不断提高。2012~2021 年，全国城乡居民月人均养老金从 82 元增长到 179 元[②]，不同地区的养老金水平呈现一定的差异性。

四　机关事业单位养老保险改革

1978 年国务院《关于安置老弱病残干部的暂行办法》和《关于工人退休、退职的暂行办法》将之前统一的城镇职工养老保险制度分为机关事业单位养老保险和企业职工养老保险，但从整体上看，两类制度的结构基本类似，退休待遇都包括退休金和补贴，只是在部分细节上略有区别。

---

①　1994~1997 年数据来自中华人民共和国民政部 1993~1997 年民政事业发展统计报告。
②　人力资源和社会保障部：《进一步织密社会保障安全网》，2022 年 4 月 16 日。

　　直到 1995 年，城镇职工养老保险开始实行社会统筹和个人账户相结合，
而机关事业单位养老保险内容上没有任何大的变动，依旧延续之前的制度
模式，这标志着企业和机关事业单位养老保险正式分开。之后，事业单位
养老保险一直尝试进行改革，特别是 2008 年在上海、浙江等 5 省市进行
了统账结合试点改革，但改革并未取得实质性成效。各地区尝试进行机关
事业单位养老保险的缴费改革，但基本上都没有对原制度进行大的变动，
各地的试点为之后的进一步改革提供了经验，但也为以后的制度统一设置
了不少困难。机关事业单位和企业养老保险制度的不统一给劳动力市场运
行以及社会经济发展带来了不少阻碍，改革势在必行。在实际运行中，机
关事业单位养老保险也在持续的试点中，试点参与人数也在不断增加，如
1999 年城镇职工养老保险参保人口中，除了企业参保人口外，还有 763
万其他类型参保人口，其中主要是机关事业单位的参保人口。到 2015 年，
这一数据已经提高到 2238 万人，如表 4-4 所示。值得注意的是，这一时
期的养老保险并非全国统一的制度，有的地区参考了企业养老保险的做
法，还有的地区建立了独立的机关事业单位养老保险制度，制度分门别
类，多样性特征显著。

表 4-4　1999~2015 年我国机关事业单位养老保险参保人数

单位：万人

年份	1999	2000	2001	2002	2003	2004	2005	2006	2007
参保人数	763	1483	1820	2313	1624	1674	1771	1909	1902
年份	2008	2009	2010	2011	2012	2013	2014	2015	
参保人数	1940	1983	2073	2607	2155	2169	2178	2238	

　　资料来源：人力资源和社会保障部历年《人力资源和社会保障事业发展统计公报》。

　　机关事业单位养老保险的改革在全国范围"破冰"发生在 2015 年。
《关于机关事业单位工作人员养老保险制度改革的决定》对新型机关事
业单位工作人员的养老保险制度进行了相关规定。机关事业单位工作人
员实行社会统筹与个人账户相结合的基本养老保险制度，在缴费方面，
单位缴纳基本养老保险费的比例为工资总额的 20%，单位缴费全部进入

社会统筹，个人缴纳基本养老保险费的比例为本人缴费工资的 8%，全部进入个人账户；在待遇方面，养老金计发按照"老人老办法，中人中办法，新人新办法"执行，"新人"缴费满 15 年，按月发给基础养老金和个人账户养老金，基础养老金月标准以当地上年度在职职工月平均工资和本人指数化月平均缴费工资的平均值为基数，缴费每满 1 年发给1%，个人账户养老金月标准为个人账户储存额除以计发月数，"中人"除了基础养老金和个人账户养老金外，还有过渡性养老金，"老人"继续按照国家规定的原待遇标准发放基本养老金。机关事业单位基本养老保险制度实行省级统筹，养老保险基金单独建账，与企业职工基本养老保险基金分别管理使用。除了基本养老保险制度外，还建立起机关事业单位的职业年金制度。

对比机关事业单位工作人员基本养老保险制度与城镇企业职工基本养老保险制度，二者同为统账结合的制度架构，缴费与融资模式一致，体现了两类制度的有效衔接，也为建立统一的养老保险制度奠定了基础。

第五章

我国养老保险制度和财政的互动与变迁过程

如前所述，世界上绝大多数养老保险制度的发展离不开财政补贴，甚至财政在养老保险制度中的作用越来越大，我国亦不例外，无论是传统养老保险还是新型养老保险，财政是制度发展的"助推器"，亦是制度转型的"润滑剂"。

第一节 传统养老保险制度融资与财政的
统一：1951~1980年

新中国成立之初，国民经济支离破碎，国家百废待兴，在此背景下，我国建立起高度统一的计划经济体制，财政作为发展国民经济的重要手段，亦是选择了"统收统支"的管理模式。1950年，政务院先后发布了《关于统一国家财政经济工作的决定》《关于统一管理1950年度财政收支的决定》等文件，标志着我国财政管理体制从分散走向高度统一，主要表现在以下几个方面：第一，财政管理权限集中在中央，一切财政收支项目、收支程序等均由中央统一规定；第二，财力集中在中央，如关税、公粮、盐税、工商业税等收入均属中央财政收入，在支出方面，各级政府的财政支出均由中央统一审核；第三，各项财政收支，除地方附加外，全部纳入统一的国家预算。这种高度统一的财政管理模式集中全国之力发展经济和巩固政权，适应了当时政治经济形势的需要。刘少奇在1950年北京庆祝"五一"劳动节干部大会上讲话时指出，统一财经、平衡收支、稳定物价"是全国最大多数人民的利益，是除人民解放军在前线上的胜利以外，从中央人民政府成立以来为人民所做的一件最大的工作"。在这种背景下，包括养老保险、劳动保险在内的社会保障制度需要服从国民经济发展和财政政策的统一安排要求，一方面是为国民提供保障的福利政策，另一方面也是财政调控经济发展的重要政策工具。

具体到传统企业养老保险的制度安排，在资金来源方面，企业提取全部职工工资总额的3%作为劳动保险费，其中30%上缴全国总工会进行全国统筹，70%留在企业发放劳动保险待遇，从表面上看，劳动保险的待遇和管理费用均由企业支付，没有财政的扶助，养老保险制度与财政没有直接关系，但在"一大二公"以及全民所有制一统天下的计划经济背景下，国家财政和企业财务密不可分，企业利润必须上缴财政，财政也要对企业的发展承担兜底责任。一方面，企业的养老保险制度体现为中央财政责任，当养老保险制度入不敷出时，中央财政要承担最后的兜底责任。另一方面，财政补贴养老保险也是必要的，在计划经济体制下，全国集中所有财力发展经济和巩固政权，企业收益需要上缴财政，由此导致工资水平较低，劳动保险是补偿职工贡献的主要途径。也就是说，在"高度统一、统收统支"的财政管理模式下，养老保险作为重要的财政政策工具，其最终的责任承担者是中央财政，离开财政，企业保险不可能建立起来；在"集中力量办大事"的发展模式下，财政补贴养老保险是"低工资"制的重要补充。从养老保险与财政的关系来看，传统养老保险并非独立制度，而是财政政策的一部分，从制度运行模式来看，个人不承担缴费责任，不存在所谓的"精算中性"原则，偏离了传统的保险原则，这一时期的养老保险更是一种福利制度，而非保险制度。

在机关事业单位养老保险方面，制度与财政之间的关系更加清晰。1955年《国家机关工作人员退休处理暂行办法》、《国家机关工作人员退职处理暂行办法》和《关于处理国家机关工作人员退职、退休时计算工作年限的暂行规定》等文件规定，机关事业单位工作人员的退休金由他退休后居住地点的县级人民委员会在优抚费用项下发放，替代率是本人工资的50%～80%，也就是说机关事业单位养老保险的资金来源是一般财政预算。在1977年及以前，离退休费用被包含在抚恤支出中，直到1978年，离退休费用才正式出现在抚恤和社会福利的支出中。相对而言，这一时期的离退休费用占我国财政支出的比例还是比较低的，在1978年之前，包括离退休费用在内的抚恤支出占财政支出的比例通常不到1%，一般维持在0.5%以下，1978年之后，离退休费用成为单独的支出，到1990年，该支出占财政总支出的比例维持在0.2%~0.3%[①]。

总结这一时期养老保险与财政的关系可以发现，从制度构建来说，养老保险和财政的关系是极为密切的，可以说，在当时的经济和财政管理体制下，养老保险附属于财政而存在，养老保险支出是财政支出的一部分，财政给养老金提供了全部的支持，包括资金来源、经办管理、制度监督等方面。虽然二者的关系密切，但养老保险制度给财政带来的压力相对较小，一方面，企业缴费是养老保险制度的唯一资金来源，没有正式制度规定财政对企业养老保险的补贴。另一方面，机关事业单位养老保险支出占财政支出的比重较低。虽然没有财政补贴企业养老保险的确切数据，但我们可以从历史数据中发现，1967年，全国总工会将劳动保险总基金移交给财政部工交司制度处代管运营[②]，也就是说，在企业养老保险全国统筹的条件下，直到1967年，劳动保险基金还是有一定剩余的，财政无须进行额外补贴。

第二节 城镇职工养老保险改革探索期的
财政缺位：1981~1997年

进入20世纪80年代后，我国开始经济体制改革和劳动体制改革，虽然恢复了"文革"之前的养老保险制度，但很显然，传统制度不能适应新的经济形势，养老保险改革势在必行，不少地方进行了试点，如集体企业试行地方统筹和商业保险公司经办保险等。在养老保险与财政的关系上，主要包括以下几个方面内容。

第一，国有企业依旧延续了以往的企业保险制度，实际上是"坐支"财政资金。在企业保险的背景下，国有企业养老保险的资金来源于企业的成本或利润，避免了这笔费用由企业上缴财政，再从财政拨回企业发放养

---

① 《中国财政年鉴1992》，中国财政杂志社，1992。
② 刘洪清：《全国统筹的前世今生》，《中国社会保障》2022年第4期。

老金的过程，在当时的体制下，是节约经办养老保险成本的办法。但这种企业保险的做法过于依赖企业经营，并且不同企业负担畸轻畸重，导致部分企业退休人员领不到足额的养老金。事实上，国有企业养老保险还有另外的资金来源，就是民政部门支付的部分，但这部分比例相对较小，如在1980年国有企业养老保险总支出为69.1亿元，民政部门支付2.2亿元，后者占前者的比重为3%，相对总支出的快速增长，民政部门支付部分增长较慢，到1992年，这一比重降至0.9%，到1996年更是连0.1%都不到①。

第二，在集体企业方面，养老保险进行了一系列的试点，如由中国人民保险公司经办养老保险，有些地区试行地方统筹，在这一过程中，财政参与较少，在官方统计数据中也找不到财政补贴集体养老保险的数据。在总支出方面，1980年全国城镇集体单位离休、退休和退职费用为7亿元，到1990年提高到74.7亿元，到1995年更是提高到182.4亿元②，整体来看，在统筹模式下，集体企业养老保险支出不断增加，但由于覆盖面狭窄，资金来源单一，制度可能面临入不敷出的问题，如四川省。四川是探索养老保险省级统筹最早的省份，1988年，四川养老保险统筹基金收入为8.7亿元，支出为7.57亿元，1989年统筹基金收入为11.3亿元，支出为9.8亿元，到了1990年，统筹基金收入降为10亿元，而当年因为国家决定提高退休职工退休费用，支出增长为11亿元，统筹基金面临入不敷出的难题③。从这一角度看，在财政缺位的情况下，集体企业养老保险制度逐渐面临入不敷出的问题。

第三，在机关事业单位方面，财政补贴依然是该制度的主要支撑力量。在1996年之前，机关事业单位养老保险支出主要体现在抚恤和社会救济费支出中，从1996年开始，除了抚恤和社会救济费支出中的离退休费外，我国地方财政预算支出中开始增加了行政事业单位离退休经费支出项，前者所占的比重逐步降低。比如在1978~1995年，抚恤和社会救济费支出中的离退休费支出从2.34亿元增加到22.78亿元，但在1996年降

---

① 《中国财政年鉴1998》，中国财政杂志社，1998。
② 楼继伟：《新中国50年财政统计》，经济科学出版社，2000，第291页。
③ 贺晓林：《养老保障：中国面临的严峻课题》，载《瞭望周刊》1991年第15期。

至 10.67 亿元，直到 2000 年才重新增加到 23.72 亿元①。相对而言，行政事业单位离退休经费支出就比较高了，且主要是地方政府支出。从 1997 年起，中央财政支出中开始包括行政事业单位离退休经费支出，当年为 3.73 亿元。1998 年，全国财政用于行政事业单位离退休经费的支出为 274.36 亿元，其中，中央财政支出为 4.59 亿元，地方财政支出为 269.77 亿元。1999 年，全国财政用于行政事业单位离退休经费的支出为 393.92 亿元，中央财政支出为 33.77 亿元，地方财政支出为 360.15 亿元。2000 年，全国财政用于行政事业单位离退休经费的支出为 478.57 亿元，中央财政支出 43.27 亿元，地方财政支出 435.30 亿元。一方面，离退休经费以较快的速度增长，两年间年均增长 32.5%；另一方面，支出的决算数通常超过预算数很多，比如 1998 年全国离退休经费预算数为 160.16 亿元，而决算数为 274.36 亿元，决算数是预算数的 171.3%，同年，地方支出的决算数是预算数的 172.9%，在 1999 年，中央财政离退休经费支出的决算数是预算数的 655.7%。

第四，财政参与养老保险制度的改革与探索，并为之提供支持。比如在 1995 年，面对社会保险费不足的问题，国家首先对相关企业的资产和土地使用权进行拍卖，转让部分收入，其次是地方财政划拨一些资金，中央财政可以发行一定数额的国债。同年，财政部《关于下达一九九五年特种定向债券发行任务及发行办法的通知》，其中规定，1995 年特种定向债券主要向养老保险基金和待业保险基金以及其他社会保险基金定向发行，且属于派购任务，各地区必须以一定比例的养老和待业保险基金购买该债券，其实这是财政对养老保险基金的变相支持。

总结这一时期财政与养老保险之间的关系可以发现，财政对于探索时期养老保险制度的支持呈现多样化，整体水平较低。首先，由于国有企业养老保险实质上是企业保险，财政对养老保险制度的支持是较为有限的；其次，集体企业养老保险制度各地处于探索时期，财政支持较为有限；最后，财政仍然是机关事业单位养老保险制度的主要资金来源，且随着制度的发展，财政支持不断扩大。

---

① 《中国财政年鉴 2001》，中国财政杂志社，2001。

第三节　财政支持下的新型城镇职工基本养老
保险制度改革：1998年以来

随着新型养老保险制度的建立以及财政管理体制的改革，相对于上个时期财政在养老保险制度中的缺位，这一时期，财政开始不断地补贴养老保险，从整体发展趋势来看，财政在我国养老保险中的参与度越来越高，成为不可或缺的资金来源。

一　1998~2000年开启财政对养老保险的兜底补贴模式

我国新型养老保险制度开启财政兜底模式的背景有两个：一是国有企业改革，包括养老保险在内的社会保障必须为这一大局服务。我国养老保险制度改革是伴随国有企业改革而展开的，1998~2000年是我国国有企业改革攻坚期，在此期间，大批国有企业破产、改制和重组，一大批国有企业员工下岗分流，退休人员养老金拖欠现象极为严重，如何保障下岗职工的生活以及按时足额发放养老金成为党和国家的当务之急。养老保险制度的发展开始面临新的问题：首先，1998年我国开始推行"两个确保"，但传统的企业养老保险制度实行企业统筹，在企业已经不堪重负的情况下，"两个确保"的钱从哪里来？其次，养老保险自身发展的要求，传统的企业保险模式难以为继，探索新的保险制度势在必行。二是行业统筹转地方统筹。1998年以前，我国依然有11个行业的养老金实行行业统筹，这与建立社会统筹型养老保险的目标相背离，1998年，国务院发布《关于实行企业职工基本养老保险省级统筹和行业统筹移交地方管理有关问题的通知》，将11个行业的养老金制度下划到地方管理，参与省级统筹。但在移交过程中，有些行业和企业的缴费率降低，由此形成基金收支缺口。无论是哪一方面的问题，都需要一定的外来资金来确保养老保险制度的顺利转型，对此，财政承担起确保养老保险制度顺利转型的重要角色。

第一，中央财政和地方财政共同确保企业离退休人员养老金发放，弥补支出缺口。1998年，中央财政在资金十分紧张的情况下，为地方财政提供欠发养老金专项借款20亿元，专项借款向中西部地区和老工业基地倾斜，专项借款的使用期限为 3 年，由省级财政部门统借统还。此外，中央财政还划拨 14.15 亿元的社会保障支出，主要为保障国有企业下岗职工基本生活和企业离退休人员养老金发放增加支出。除了中央财政补贴外，地方财政也承担了部分责任，如 1998 年辽宁在争取 2.86 亿元中央财政借款外，省财政还筹措 1 亿元，集中支持部分困难地区，用于解决养老金发放不足的问题。在有关部门的共同努力下，企业离退休人员养老金的发放工作得到明显改进，全年共补发历年拖欠养老金 30 亿元。除了直接补贴养老保险"出口"外，财政还承担补"入口"的职责。1998 年《国有企业下岗职工基本生活保障和再就业资金管理暂行办法》中规定，国有企业下岗职工基本生活保障和再就业资金的 1/3 来源是财政，资金用途包括为下岗职工代缴养老保险费等。1999 年和 2000 年是对 1998 年政策的延续和调整，并且加大了财政补贴的广度和深度。1999 年 69 号文《关于做好提高三条社会保障线水平等有关工作的意见》中规定，自 1999 年 7 月 1 日起，基本养老金一般应比 1998 年月平均养老金水平提高 15%，在企业离退休人员调待资金的筹集上，北京等 7 省市由地方政府自行解决，中央财政不予补贴，但中央财政要适当补贴困难地区。2000 年《国务院关于切实做好企业离退休人员基本养老金按时足额发放和国有企业下岗职工基本生活保障工作的通知》等文件重新强调了地方财政的补贴职责。相比 1999 年，2000 年中央财政用于基本养老保险基金补助和国有企业下岗职工基本生活保障补助的资金分别增长 98.1% 和 50.1%。同时，为了解决社会保障资金不足的问题，提出了调整财政支出结构，逐步将社会保障支出占财政支出的比重提高到 15%~20%，并通过变现一部分国有资产，扩大彩票发行规模和开展基金投资运营等渠道补充社会保障资金等。

第二，养老保险行业统筹转地区统筹的资金缺口主要由中央财政补贴。在解决行业统筹转为地区统筹时出现的资金缺口问题时，1998 年《关于实行企业职工基本养老保险省级统筹和行业统筹移交地方管理有关问题的通知》并未要求财政补贴，而是要求社会统筹基金予以弥补，但这对于养老金支付已经存在困难的地区来说，无疑是雪上加霜，1999 年，国家对此进行了调整。从 1999 年开始，行业统筹转地区统筹中的养老保险收支缺口由中央财政予以补助，当年中央财政安排了 21 亿元补助资金。

此外，1999 年中央财政支出中还包括一项 280 亿元的中央社会保障专用基金支出，主要用于安置中央所属破产关闭企业职工和确保离退休人员基本养老金发放等社会保障方面的开支。2000 年又对财政补贴进行了强化，如 2000 年《关于补发原行业统筹企业拖欠离退休人员基本养老金有关问题的通知》规定，对原行业统筹企业拖欠的离退休人员基本养老金，由中央财政安排专项补助资金一次性予以补发。

具体到支出规模和结构，1998~2000 年，财政补贴社会保障支出主要呈现以下几个方面的特征①：其一，社会保障补助支出快速增长，地方支出大于中央支出。1998~2000 年，全国社会保障补助支出总额从 150.01 亿元提高到 525.97 亿元，其中地方支出从 135.86 亿元提高到 483.35 亿元，中央支出从 14.15 亿元提高到 42.62 亿元。其二，除正常补贴外，中央支出建立专用基金以弥补养老金支付缺口，中央财政分别在 1999 年和 2000 年建立中央社会保障专用基金 200 亿元和 300 亿元。其三，社会保障补助支出决算数通常要大于预算数，如 1999 年社会保障补助支出全国决算数是 343.64 亿元，预算数是 168.15 亿元，前者是后者的 204.4%，地方决算数是 325.37 亿元，预算数是 138.10 亿元，前者是后者的 235.6%。2000 年社会保障补助支出全国决算数是 525.97 亿元，预算数是 460.00 亿元，前者是后者的 114.3%，地方决算数是 483.35 亿元，预算数是 420.50 亿元，前者是后者的 114.9%②。

总结这一时期的官方文件和相关做法可以看出，我国财政对养老保险的补贴选择了"兜底式"的做法，即"补出口"，财政主要是对养老金支付缺口予以弥补，这在当时国有企业改革和养老金转型的大背景下是可行的，也是必要的：缺少财政对养老保险等社会保障制度的补贴，国企改革将面临较大的压力；缺乏财政对养老保险的补贴，新型养老保险制度的建立将面临更多的阻力。

---

① 这一时期的养老保险财政补贴主要包含在社会保障补助支出中，但缺乏养老保险财政补贴的具体数据，因此可以从社会保障补助支出的变化趋势中找到养老保险补助支出的特征。

② "一 1998~2000 年开启财政对养老保险的兜底补贴模式"部分数据主要来自《中国财政年鉴 1999》，中国财政杂志社，1999；《中国财政年鉴 2000》，中国财政杂志社，2000；《中国财政年鉴 2001》，中国财政杂志社，2001。

二　2001 年以来财政对城镇职工养老保险的补贴

到 2001 年，我国国企改革的关键三年基本结束，包括养老保险制度在内的社会保障制度发展开始进入正轨。在养老保险方面，通过中央财政和地方财政的不懈努力，拖欠退休人员养老金的问题基本得到解决，制度进入平稳发展期。在养老保险与财政的关系上，财政补贴养老金开始常规化，且财政补贴力度逐年加大，成为养老保险发展必不可少的部分，三个方面的因素奠定了财政补贴不断扩大的基调：第一，延续了三年国企改革攻坚时期财政"兜底"养老保险制度的做法，中央财政继续向困难地区倾斜，并加大财政补贴的力度。第二，为实现"统账结合"制度的部分积累目标，中央财政和地方财政共同补贴做实个人账户。2000 年《关于印发完善城镇社会保障体系试点方案的通知》提出要逐步做实个人账户，并首先将辽宁选为试点地区，2001~2004 年，辽宁做实个人账户 138.3 亿元，其中中央补助 50.4 亿元，地方补助 16.8 亿元，征缴基金解决 71.1 亿元①。在黑龙江，做实个人账户的记账额为 5%，其中中央政府补助 3.75%，地方政府补助 1.25%，② 除此之外，中央财政还对其他几个省份进行配比补贴，即在 2001 年以来做实个人账户的过程中，中央政府承担了较大的责任。第三，建立企业退休人员基本养老金待遇提升机制。《关于从 2004 年 7 月 1 日起增加企业退休人员基本养老金的通知》开启了我国企业退休人员基本养老金待遇连续提升的"大幕"，该文件规定，企业退休人员调整基本养老金所需资金一般要从企业职工养老保险基金中支付，但对于财政确有困难的地区，中央财政要予以适当补助。此外，地方财政也要适当补助，所需增加的资金按属地管理原则由各市（州）、县（市、区）政府负责筹措。总体而言，企业职工基本养老金待遇调整的筹资责任主要在地方政府，中央政府要对财政困难地区进行转移支付。在以上各种因素的作用下，我国养老保险中的财政参与度越来越高，财政补贴的总量逐年提高，占基金收入的比重持续扩大。

---

① 耿树艳：《辽宁：做实个人账户成效明显》，《中国劳动保障》2005 年第 5 期。
② 关博：《做实养老保险个人账户可持续吗——基于黑龙江省的典型调研》，《宏观经济研究》2015 年第 2 期。

人力资源和社会保障部相关统计数据显示，进入 21 世纪以来，我国城镇职工养老保险中的财政补贴额逐年提高，占基金收入的比重整体呈现上升态势，如图 5-1 所示。2003 年，各级财政对城镇职工养老保险的补贴为 530 亿元，到 2016 年这一数额上升至 6511 亿元，13 年间增长了 11 倍多。在财政补贴占基金收入的比重方面，2003 年，城镇职工养老保险的财政补贴占基金收入的比重为 14.4%，2017 年是 18.5%，整体呈现上升趋势。具体到不同年份，在 2013 年之前，财政补贴的占比处于相对平稳的态势，从 2014 年开始，财政补贴占比开始以较快速度上升。

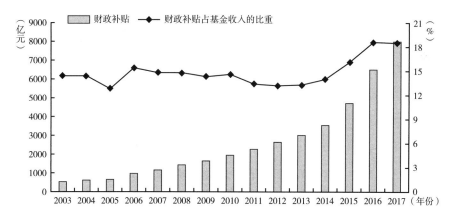

图 5-1　2003~2017 年我国城镇职工养老保险中财政补贴及其占基金收入的比重

注：人力资源和社会保障事业发展统计公报中的财政补贴数据更新到 2017 年，为保障本文数据的一致性，图中的数据截止到 2017 年。

资料来源：人力资源和社会保障部 2003~2017 年人力资源和社会保障事业发展统计公报。

第四节　财政对其他群体基本养老保险制度的补贴

一　中央财政全面资助建立全国社会保障基金

为了筹集和积累养老保险基金，以应对人口老龄化带来的养老金支付高峰，2000 年 9 月，国务院建立了"全国社会保障基金"（以下简称"全国社保基金"）。和社会保险基金不同，全国社保基金属于战略储备基金，当未来发生养老金支付危机时，该基金将承担支付养老金的职能。2001 年《全国社会保障基金投资管理暂行办法》规定，全国社保基金由国有股减持划入资金及股权资产、中央财政拨入资金、经国务院批准以其他方式筹集的资金及其投资收益等构成。从全国社保基金的资金来源及其用途来看，它成为财政补贴养老金制度的另一途径。

自建立以来，全国社保基金不断接受中央财政的转移划拨，规模持续扩大，如表 5-1 所示。尤其是在全国社保基金一开始建立阶段，财政性划拨资金成为全国社保基金的主要来源，如 2001 年，全国社保基金总资产为 805.09 亿元，其中财政性划拨为 595.26 亿元。但财政性划拨并非呈现规律性的趋势，有的年份较多，有的年份较少，2003 年，财政性划拨降至 49.08 亿元，在 2009 年一度升至 825.9 亿元，之后又有一定程度的下降。2022 年，财政性划拨为 641.11 亿元。在中央财政拨款方面，自 2013 年"四本账"建立以来，中央财政的一般预算拨款稳定在 200 亿元，国有股转减持划入和彩票公益金划入呈现上升趋势。

表 5-1　2001～2022 年全国社保基金接收的财政性划拨资金及累计资产总额

单位：亿元

年份	2001	2002	2003	2004	2005	2006
财政性划拨	595.26	415.76	49.08	278.54	228.7	574.24
资产累计	805.09	1241.86	1325.01	1711.44	2117.87	2827.69
年份	2007	2008	2009	2010	2011	2012
财政性划拨	308.14	326.95	825.9	634.44	482.79	526.14
资产累计	5161.52	5623.70	7766.22	8566.90	8688.20	11060.37
年份	2013	2014	2015	2016	2017	2018
财政性划拨	554.32	552.64	706.4	700.6	597.83	573.77
资产累计	12415.64	15356.39	19138.21	20423.28	22231.24	22353.78
年份	2019	2020	2021	2022		
财政性划拨	464.93	313.81	361.30	641.11		
资产累计	26285.66	29226.61	30198.10	28835.21		

资料来源：全国社保基金理事会；2001～2022 年全国社会保障基金理事会基金年度报告。

二　财政是城乡居民养老保险制度的"助推器"

1992 年的旧农保制度没有规定财政对农村养老保险直接补贴，其资金来源主要是个人缴费和集体补助。集体补助主要由乡镇企业和集体经济支付，国家予以政策扶持，主要是通过对乡镇企业支付集体补助予以税前列支体现。财政缺位导致旧农保的待遇水平极低，构不成对农村居民的实质性保障。在城镇居民方面，该群体养老保障制度长期处于空白状态，且该群体没有收入来源，仅凭个人缴费建立养老保险制度，最终也会走到旧农保的路子上。因此，无论从可行性还是从必要性方面讲，财政补贴都是城乡居民养老保险制度发展的关键。随着新型农村养老保险制度以及城镇居民养老保险制度的建立，在财政补贴方面，不同于城镇职工养老保险中财政补"出口"的做法，对于城乡居民养老保险，财政在补"出口"的同时，也补"入口"，在补"出口"时，财政全额支付基础养老金，在补"入口"时，财政对个人缴费实行配比缴费。

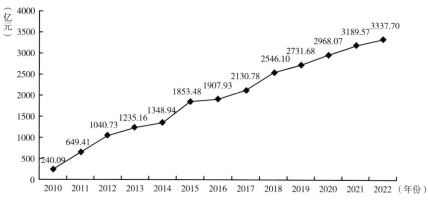

图 5-2　2010~2022 年全国一般公共预算在城乡居民养老保险方面的支出

资料来源：财政部 2010~2022 年全国一般公共预算支出决算表。

根据财政部的相关数据，如图 5-2 所示，2010~2022 年，全国一般公共预算在城乡居民养老保险方面的支出呈现逐年上升的态势，尤其是在 2014~2015 年，随着城镇居民养老保险制度的建立，该支出有了较大水平的提升。不同于城镇职工基本养老保险制度中财政"补出口"的做法，财政在城乡居民养老保险方面的补贴既包括"补出口"，也包括"补入口",导致财政补贴占基金收入的比重更高。根据人力资源和社会保障部的相关数据,从 2011 年开始,财政补贴收入在城乡居民养老保险收入中占据了绝对优势,且呈现持续上升的态势。在 2010 年,财政补贴占基金总收入的比重为 50.3%,2013 年这一比重升至 69%,到 2016 年更是达到 75%。财政补贴成为城乡居民养老保险制度的主要收入来源①。在中央财政补贴方面,财政统计年鉴显示,2009 年中央财政补贴城乡居民养老保险为 10.8 亿元,2011 年为 196 亿元,到 2013 年升至 784 亿元,增长速度较快②,制度惠及人口越来越多。

三　财政保障机关事业单位养老保险改革顺利推行

1978 年的 104 号文《国务院关于安置老弱病残干部的暂行办法》规定了我国机关事业单位养老保险的制度框架:根据职工退休前的工龄和工资确定养老金水平,资金来源主要是地方财政,在具体实施过程中,各地按照实际情况进行调整。在财政补贴方面,对于行政单位和全额拨款的事业单位,财政承担全部的筹资责任,对于部分拨款的事业单位,财政承担差额补贴责任。由此导致财政在机关事业单位养老保险方面的支出逐年提高,如图 5-3 所示。

2015 年,我国建立起新型的机关事业单位养老保险制度,其资金来源、待遇计发等与城镇职工养老保险制度类似,与此同时,为了避免养老金替代率有较大幅度的下降,制度改革的同时推出机关事业单位职业年金,相当于企业养老保障体系中的企业年金。从当前看,财政在机关事业单位养老保险和职业年金方面的支出主要包括缴费支出和补助支出,2016~2022 年,基本养老保险缴费支出从 641.14 亿元增加到 3863.87 亿元,对基本养老保险基金的补助从 447.03 亿元增加到 5479.01 亿元,财政对制度的补贴高于制度缴费。同时,从 2021 年开始,财政增加了对机关事业单位职业年金制度的补贴,2022 年为 112.49 亿元(见表 5-2)。

---

① 人力资源和社会保障部历年人力资源和社会保障事业发展统计公报。财政补贴收入等于当年基金总收入减去个人缴费收入,其中包含部分利息收入,出于统计的原因,无法剔除,因此,将部分利息收入包含在财政补贴收入范围内。

② 历年《中国财政年鉴》,中国财政杂志社。

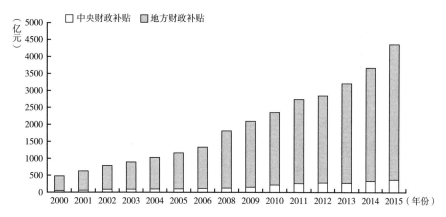

图 5-3　2000~2015 年我国机关事业单位养老保险制度中的财政补贴

注：未能获得 2007 年的有效数据，故暂缺。

资料来源：2001~2016 年《中国财政年鉴》，中国财政杂志社。

表 5-2　2016~2022 年财政在机关事业单位养老保险和职业年金方面的支出

单位：亿元

年份	2016	2017	2018	2019	2020	2021	2022
基本养老保险缴费支出	641.14	2108.91	2958.96	3232.27	3167.11	3396.27	3863.87
职业年金缴费支出	104.75	366.49	521.66	829.58	1089.28	1187.16	1444.36
对基本养老保险基金的补助	447.03	1367.21	2549.21	3481.12	4820.24	5388.06	5479.01
对职业年金的补助						199.45	112.49

资料来源：财政部 2016~2022 年全国一般公共预算支出决算表。

第五节　对当前财政补贴养老保险制度的总结

在梳理了财政补贴养老保险制度的历史变迁后，该部分主要对我国财政补贴养老保险制度的特征进行总结。从整体来看，基于国际比较的视角，我国财政补贴养老保险制度的水平相对较低，即便如此，我们依然能够发现财政补贴养老保险制度在数量和方式上的"不理性"。

一　财政补贴养老保险制度的方式和特征

（一）财政补贴形式主要为兜底式

财政补贴养老保险制度可分为两种情况：一是从制度收入方面补贴养老保险，即"补入口"，二是当制度发生支出时补贴养老保险，即"补出口"。如瑞典制度中财政对弱势群体的缴费补贴等。通常来讲，这种"补入口"的方式能够控制财政补贴的数量，从而保持财政和养老保险之间的距离。而"补出口"的方式则不然，通常情况下是养老保险缺口多大，财政将补贴多少，这种做法通常不能控制养老保险财政补贴的数量，财政和养老保险的关系极为密切。

以 2015 年以后的机关事业单位养老保险制度和职业年金制度为例，如表 5-2 所示，根据财政部统计数据，财政除了需要承担机关事业单位基本养老保险制度和职业年金制度的缴费外，还要对两个制度进行补贴。在基本养老保险制度方面，自 2019 年起，财政对基本养老保险制度的补贴开始超过缴费，且补贴增长的速度大部分年份要超过缴费增长的速度。在 2021 年和 2022 年，财政开始对职业年金制度进行补贴。

（二）财政补贴占公共财政支出的比重相对较低

随着我国城镇职工基本养老保险制度以及城乡居民养老保险制度的建立和完善，财政对养老保险制度的补贴支出呈现逐年上升的态势。如图 5-4 所示，根据财政部的相关数据，2010~2022 年，我国公共财政对养老保险制度的补贴从 4626.04 亿元提高到 18589.49 亿元，财政补贴占公共财政支出的比重从 5.15% 上升至 7.13%。

从国际比较的角度看，我国的养老保险财政支出水平与部分国家相比仍属于较低的水平，比如德国，2007 年，其养老保险财政补贴占财政总支出的比重达到 24.5%，日本达到 27.0%，此后这两个国家的养老保险财政补贴支出占比略有下降，但整体平均水平仍高于 20%，其他国家的养老保险财政补贴支出水平稍低，如澳大利亚的养老保险财政补贴支出占比在 2013 年为 11.7%，韩国为 8.2%（见表 5-3）。

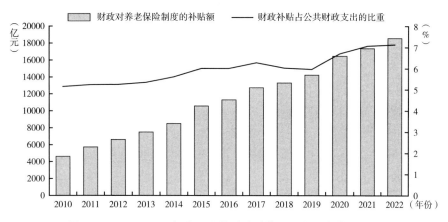

图 5-4　2010~2022 年我国公共财政对养老保险制度的补贴额
及其占公共财政支出的比重

注：本图中公共财政对养老保险制度的补贴额＝财政对城镇企业职工基本养老保险的补贴＋财政对城乡居民基本养老保险的补贴＋行政事业单位养老支出＋财政补充全国社会保障基金支出－机关事业单位基本养老保险缴费支出－机关事业单位职业年金缴费支出。

资料来源：2010~2022 年全国一般公共预算支出决算表。

表 5-3　2007~2013 年中国和部分 OECD 国家养老保险财政补贴占财政总支出的比重

单位：%

年份	2007	2009	2011	2013
澳大利亚	10.1	9.4	9.7	11.7
美国	16.3	16.3	16.1	18.4
英国	12.0	12.1	11.7	13.8
德国	24.5	23.4	23.4	22.7
韩国	5.7	6.5	7.4	8.2
日本	27.0	19.1	24.4	24.2
OECD 平均	16.5	16.6	17.5	18.1
中国	6.1	6.0	5.5	5.5

注：《人力资源和社会保障事业发展统计公报》和财政部关于财政补贴养老金的数据有所不同。

资料来源：OECD 的数据来自 Pension at a Glance 2011—Retirement-income System in OECD and G20 Countries，OECD Publishing，2011，p155；Pension at a Glance 2013—OECD and G20 indicators，OECD Publishing，2013，p171；Pension at a Glance 2015—OECD and G20 indicators，OECD Publishing，2015，p179；中国的数据来自中华人民共和国人力资源和社会保障部《人力资源和社会保障事业发展统计公报》和《中国财政年鉴》。

（三）中央财政和地方财政各司其职

1. 地方财政是城镇职工基本养老保险财政补贴的主要来源

新的城镇职工基本养老保险制度建立以来，地方政府对制度的补贴力度不断提高，成为城镇职工基本养老保险财政补贴的主要来源。历年财政支出数据显示，2010 年，城镇职工基本养老保险中的全部财政补贴为 1910.35 亿元，其中地方财政补贴为 1863.01 亿元，占比 97.5%，中央财政补贴为 47.34 亿元，占比 2.5%。2022 年，城镇职工基本养老保险中的全部财政补贴为 12522.83 亿元，其中地方财政补贴为 12398.11 亿元，占比 99.0%，中央财政补贴为 124.72 亿元，占比 1.0%。从整体上看，相对于中央财政，地方财政在城镇职工基本养老保险运行中发挥了更大的作用。这也是和我国城镇职工基本养老保险的发展情况相适应的，由于制度基本处于省级统筹的阶段，养老保险的收支和结余管理主要分散在各个省（区、市），基于职责和财力相匹配的原则，地方财政必然要承担起养老保险的常规供款职责（见图 5-5）。

图 5-5　2010~2022 年城镇职工基本养老保险中中央财政补贴和地方财政补贴情况

注：财政领域统计的财政补贴基本养老保险的数据和人力资源和社会保障领域统计的数据具有一定的差异性。

数据来源：财政部 2010-2022 年全国财政决算数据。地方财政补贴数据来自每年地方一般公共预算支出决算表或地方公共财政支出决算表。中央财政补贴数据来自每年中央本级支出决算表。

2. 中央财政承担制度的兜底职责

在城镇职工基本养老保险制度中，中央财政承担的责任主要有：推动未被覆盖而应被覆盖的群体进入制度、保障中央直属企业职工养老金的发放、补贴老工业基地、保障中西部地区和新疆生产建设兵团养老金发放、做实养老保险个人账户、待遇调整等。比如，2005 年，中央财政拨付 545 亿元资金确保企业离退休人员基本生活，其中拨付黑龙江和吉林两省做实基本养老保险个人账户补助资金 18.2 亿元，并继续安排辽宁省做实个人账户补助资金 14.4 亿元；2008 年的补贴中包括做实个人账户试点补助和调待补助，其中 169.3 亿元是用于支持中西部地区、老工业基地和新疆生产建设兵团做好调待工作。2011 年的 1846.9 亿元中包括 282.2 亿元的调待补助，到 2012 年中央财政划拨的调待补助提高到 320 亿元。自 2000 年开始，中央财政的兜底责任呈现快速上升的趋势，在支出的绝对额方面，2015 年中央财政补贴是 2000 年的 11 倍多，但在增长率方面并未发现特别明显的规律性，比如 2005 年中央财政补贴支出比 2004 年增长了 4.21%，但 2006 年中央财政补贴支出比 2005 年增加 42.28%，也就是说，中央财政负责养老保险中的"查缺补漏"，当遇到突发问题和非正常支出时，通常承担兜底责任①。

二　取得的成就

（一）以较低的财政补贴水平推动构建起覆盖全民的养老保险制度框架

从 1997 年建立统一的企业职工基本养老保险制度到 2014 年建立统一的城乡居民养老保险制度，再到 2015 年建立新型的机关事业单位养老保险制度，我国基本建立起覆盖全民的养老保险制度框架。纵观我国基本养老保险制度的建设里程，财政在制度的建立和完善过程中发挥了重要作用。首先，在城镇企业职工基本养老保险方面，财政通过"兜底补出口"的方式对制度收不抵支的缺口进行补贴，进而保证退休人员养老保险待遇按时足额发放，进而保障我国养老保险制度的顺利转型，为市场经济的稳定运行保驾护航。其次，在城乡居民基本养老保险方面，财政通过"缴费补入口"和"兜底补出口"两种方式实现对城乡居民养老保险制度的支持，在此过程，中央财政和地方财政同时发力，有效实现了城乡居民群体的养

---

① 资料来源：人力资源和社会保障部历年人力资源和社会保障发展事业统计公报、2003～2016 年《中国财政年鉴》。

老保障，使得"老有所养"的目标得以实现。在机关事业单位养老保险方面，财政要承担基本养老保险制度的缴费和补贴义务，同时还要对职业年金制度进行缴费和补贴，实现了在财政保驾护航下的制度顺利转型，打破了长期以来企业和机关事业单位养老保险制度二元分立的状态。

与此同时，相较于其他发达国家，我国基本养老保险制度中的财政支出水平相对较低，虽然近年来养老保险财政补贴占公共财政支出的比重不断上升，但整体控制在8%左右，与发达国家动辄两位数的占比规模相比，仍处在较低的水平。从财政补贴水平看，我国基本养老保险制度的运行效率较高，实现了以有限财政支出保障最大范围老年群体的目标。

（二）支持退休人员基本养老保险待遇水平持续上升

2004年，劳动保障部和财政部共同发布《关于从2004年7月1日起增加企业退休人员基本养老金的通知》，开启了连续20年提高退休人员基本养老金的进程。根据相关规定，"调整基本养老金所需资金，参加企业职工基本养老保险的从企业基本养老保险基金中列支，参加机关事业单位工作人员基本养老保险的从机关事业单位基本养老保险基金中列支"。财政虽然不直接承担调待义务，但由于财政承担对基本养老保险基金的"兜底"职能，因此，财政成为支持退休人员基本养老保险待遇水平持续上升的重要力量。同时，还规定了财政对调待资金的直接补贴，如对中西部地区、老工业基地、新疆生产建设兵团和在京中央国家机关及所属事业单位所需资金，中央财政予以适当补助。地方财政对本地调整企业退休人员养老金新增支出安排资金给予一定补助。

三　存在的问题

（一）财政"被动兜底"方式将同时对财政运行造成较大压力

从当前我国养老保险制度的运行状况看，财政这种"被动兜底"的做法将对财政造成较大压力。在制度扩面放缓的情况下，养老保险收支面临缺口的省份逐年增加。我国养老保险一开始建立时，面临支付缺口的省份较多，2002年全国只有山东、广东和浙江三个省份的当期缴费收入大于支出，其他28个省份以及新疆生产建设兵团的缴费收入均小于支出，其中，黑龙江和辽宁的制度赤字分别达到40.68亿元和38.49亿元，之后，随着制度扩面的进行，收不抵支的省份逐年减少，2003 年为 24 个省份和新疆生产建设兵团，2004 年为 21 个省份和新疆生产建设兵团，2005年为 20 个省份和新疆生产建设兵团，2006 年情况与 2005 年一致，2007年为 18 个省份和新疆生产建设兵团，2008 年为 17 个省份和新疆生产建设兵团，2009 年为 16 个省份和新疆生产建设兵团[1]，2010~2015 年情况如表 5-4 所示。可以看出，从 2012 年开始，全国收不抵支的省份数量发生转折，由之前的持续减少变为持续增加，且增长速度较快，这可以解释为，在制度依靠扩面来增加缴费收入较为乏力的情况下，制度真正进入成熟发展期，而成熟发展期的情况并不乐观，基金支付缺口持续扩大，对财政造成的压力也逐年增加。

表 5-4　2010~2015 年我国城镇职工养老保险运行状况

年份	2010	2011	2012	2013	2014	2015
缴费收入大于支出的省份	17 个省份+中国农业发展银行	18 个省份+中国农业发展银行	12 个省份	12 个省份+中国农业发展银行	8 个省份+中国农业发展银行	7 个省份+中国农业发展银行
缴费收入小于支出的省份	14 个省份+新疆生产建设兵团	13 个省份+新疆生产建设兵团	19 个省份+中国农业发展银行+新疆生产建设兵团	19 个省份+新疆生产建设兵团	23 个省份+新疆生产建设兵团	24 个省份+新疆生产建设兵团
结余额(亿元)	657	1191	906	163.17	1321.09	2796.36
制度赡养率(%)	32.5	31.65	32.40	33.26	33.66	34.87
财政补贴到账额(亿元)	1954	2272	2648	3019	3548	4716
财政补贴占基金收入的比重(%)	14.56	13.45	13.24	13.31	14.02	16.07

注：（1）中国农业发展银行和新疆生产建设兵团是独立的养老保险统筹单位，因此将二者的情况单独展现出来，详见郑秉文主编的历年《中国养老金发展报告》。

（2）结余额是指在不考虑财政补贴的情况下，制度的征缴收入减去制度支出。

资料来源：郑秉文主编的历年《中国养老金发展报告》。

[1] 郑秉文主编《中国养老金发展报告 2012》，经济管理出版社，2012，第 8 页。

（二）"兜底式"财政补贴将削弱基本养老保险制度的自我平衡能力

从根本上讲，基本养老保险制度属于保险制度。在保险制度下，养老保险待遇取决于缴费水平，待遇和缴费之间的关联度也决定了制度的自我平衡能力和可持续能力。待遇和缴费的关联度高，制度的自我平衡能力就强，可持续能力也就较强；待遇和缴费的关联度低，制度的自我平衡能力就弱，由此导致制度的可持续能力也就弱。"兜底式"的财政补贴主要从出口补贴养老保险制度，在这种财政补贴模式下，一方面，制度本身没有追求长期可持续的动力，形成对财政补贴的依赖；另一方面，容易形成参保人对制度的过度预期，尤其是在调待政策存在的情况下，每年的养老金上涨使得参保人形成待遇提升预期，而这种待遇提升又和缴费无关，进而使得参保人的缴费积极性降低。长此以往，基本养老保险制度与财政之间的关系将更加密切，财政压力将进一步加大，形成基本养老保险制度裹挟财政的局面。

（三）财政对机关事业单位基本养老保险的补贴规模不断扩大，财政补贴支出占城镇职工基本养老保险基金支出的比重迅速上升

随着2015年机关事业单位基本养老保险制度开始改革，2016年财政对制度的补贴达到447.03亿元，之后补贴数额逐年增加，直到2022年的5479.01亿元，7年间年均增长76.35%，排除2017年相对于2016年的快速增长后，2018～2022年财政补贴的年均增长率为23.62%。对比城镇企业职工基本养老保险和城乡居民基本养老保险，2022年城镇企业职工基本养老保险财政补贴额为7043.82亿元，2010～2022年财政补贴额年均增长率为11.69%，2022年城乡居民基本养老保险财政补贴额为3337.7亿元，2012～2022年财政补贴额年均增长率为17.07%。由此可见，对比三类群体的基本养老保险财政补贴增长情况，机关事业单位养老保险财政补贴的扩张速度是最快的。

与此同时，自2015年机关事业单位基本养老保险制度改革后，财政开始补贴机关事业单位基本养老保险制度，由此导致财政补贴占城镇职工基本养老保险支出的比重增加。制度改革前，2010～2015年，财政补贴占城镇职工基本养老保险支出的比重维持在20%以下，从2016年开始，这一比重快速提升到28.9%，此后虽略有下降，但依然维持在25%左右，2022年为25.5%，如图5-6所示。

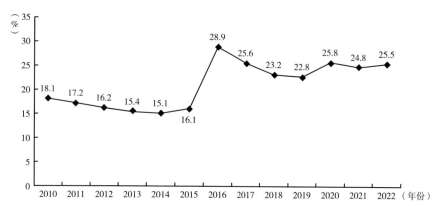

图 5-6   2010~2022 年财政补贴占城镇职工基本养老保险支出的比重

注：城镇职工基本养老保险支出包括企业和机关事业单位两个方面的支出。

资料来源：财政补贴数据来自财政部全国一般公共预算支出决算表。城镇职工基本养老保险支出数据来自人力资源和社会保障部 2010~2022 年人力资源和社会保障事业发展统计公报。

第六章

我国财政补贴养老保险制度形成的原因分析

通过前面章节的分析我们可以发现,财政在推动建立新型养老保险制度的过程中发挥了极其重要的作用,但当前的财政补贴模式依然存在一些问题。这些问题,既有理论方面的原因,也有实践方面的不足,既有历史方面的原因,也有现实改革的无奈,该部分将综合分析形成当前补贴关系的背后原因。

第一节 财政补贴养老保险制度的客观必然性

一 人口老龄化是根本原因

人口结构是影响养老保险制度的关键因素,随着人口老龄化程度的加深,制度中的缴费人口占比降低,从而制度收入减少,同时领取养老保险待遇的人口增加,制度支出增加。另外,福利存在刚性增长的特征,福利待遇通常只能上升而不能下降,福利种类只能增加而不能减少。因此,在人口老龄化和福利刚性的条件下,在制度收入规模缩小的前提下,如果保持当前的待遇水平,或提高待遇水平,必须"另辟蹊径",寻找新的资金来源。

相较于世界上其他发达国家,我国进入人口老龄化的时间较晚,2000年末,我国 65 岁及以上老年人占总人口的比重达到 6.95%,2001 年末这一比重升至 7.10%,也就是在 2001 年,我国正式进入老龄化社会,而在我国的邻国日本,进入老龄化社会的年份是 1970 年,法国是 1864 年,意大利是 1927 年，德国是 1932 年，美国是 1942 年，虽然我国人口老龄化程度相对较轻，但发展速度不容小觑，2001~2016 年，我国 65 岁及以上老年人口占比增加了 3.8 个百分点，而在法国，老年人口占比从 7% 增加到 14% 花了 115 年，美国也用了 73 年，意大利用了 61 年，等等，这都说明，我国在未来几年将面临更严重的老龄化压力[1]。

如图 6-1 所示，自 1997 年建立新制度后，我国城镇职工基本养老保险制度内的抚养比[2]整体呈现下降的态势，1997 年的制度抚养比为 3.42，即在制度内 3.42 个缴费人口抚养 1 个退休人口，从 2011 年开始，制度抚养比呈现加速下滑的趋势，从 2011 年的 3.16 下降到 2019 年的 2.53，从 2020 年开始，制度抚养比有所上升，2022 年提高到 2.69。随着人口老龄化的不可逆转，制度抚养比将面临进一步下降的风险。制度抚养比下降同时意味着缴费收入增速变缓，待遇支出增加，再加上历年提高待遇的政策，养老保险制度将对财政造成更大压力。

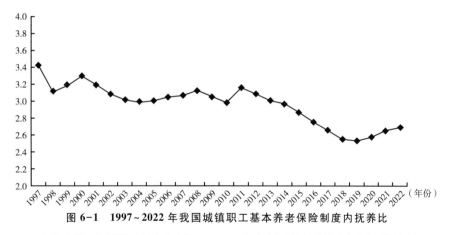

图 6-1 1997~2022 年我国城镇职工基本养老保险制度内抚养比

资料来源：人力资源和社会保障部 1997~2022 年人力资源和社会保障事业发展统计公报。

---

① 资料来源于中国数据来自国家统计局网站，http://data.stats.gov.cn/download.htm；其他国家数据来自 Bangkok，"Long-term Care of Older Persons in the Republic of Korea"，SDD-SPPS Project Working Paters Series，UN，2015，p. 8。

② 在我国养老保险制度在职人口和离退休人口的对比方面，我国有两个概念，一个是抚养比，是制度在职人口与制度离退休人口的比值；另一个是赡养比，是制度离退休人口与制度在职人口的比值，二者均能说明制度的老龄化压力，本文选择与人力资源和社会保障部一致的概念——抚养比。（该概念见人力资源和社会保障部社会保险事业管理中心编《中国社会保险发展年度报告 2016》，中国劳动社会保障出版社，2017，第 4 页。）

二 养老保险的公共产品属性

根据之前的分析发现，我国的基本养老保险制度是具备一定的公共产品属性的。一方面，从个人角度出发，由于短视等原因，个人经常不能有效地对退休后的生活做出理性安排，并通常倾向于当前消费，忽视储蓄。另一方面，从商业保险的角度出发，商业保险公司更加青睐于收入高且持续的群体，依赖商业保险的结局是收入差距持续扩大。因此，对于社会上的低收入者，无论是从个人意愿出发，还是从商业保险公司承保选择出发，都是被制度排除在外的群体。然而，这部分缺乏保障的群体直接对社会稳定和发展造成不利影响，因此，无论是从稳定经济秩序，促进社会发展，还是从保护人权，促进社会和谐等方面出发，养老保险制度均显示出较强的正外部性，政府应当通过一定的制度安排予以保障。

此外，从我国养老保障制度的设置来看，其承担了较多的公共产品职能。通常来讲，公共养老保障体系至少包括两个方面：非缴费型养老金和缴费型养老金（养老保险），前者属于完全意义上的公共产品。但我国的养老保障制度较为单一，仅包括养老保险即缴费型养老金。也就意味着我国养老保险同时要承担非缴费型养老金和缴费型养老金的职能，城乡居民养老保险的设置体现了这种双重职能。但是在城镇职工养老保险方面，虽然承担双重职能，但制度结构划分不明确。个人账户部分完全精算中性，待遇完全取决于缴费，多缴多得，私人产品性质明显；但社会统筹部分则复杂得多，待遇与缴费年数、缴费基数、社会平均工资相关，虽然强调多缴多得，但具备较强的再分配特征，体现了一定的非缴费型养老金职能，公共产品性质较为明显。

根据以上分析，无论是从外部性的角度，还是从我国养老保险承担的职能看，财政都有必要补贴支持养老保险的发展，同时这也体现了财政的福利责任。

第二节 兜底式的财政补贴模式

一 财政补贴养老保险的路径依赖

新中国成立伊始，我国建立起和经济政策、财政政策高度一致的劳动保险制度，从某种意义上看，劳动保险是财政政策的组成部分，养老保险与财政之间的关系密不可分。随着改革开放的不断推进，经济所有制形式发生变化，导致传统养老保险赖以生存的环境发生变化，制度存在的经济基础不断削弱。20 世纪 90 年代，经济体制改革拉开大幕，大量养老和失业问题如果得不到妥善解决将极大地影响经济体制改革的进程，在此背景下，财政承担起补贴社会保障制度的重要职责，财政支出大规模增加，形成财政兜底补贴养老保险制度的源头。此外，在新型养老保险制度建立之初，一些省份面临支付困难的问题，究其原因，一方面是制度建立之前，养老保险没有基金积累，企业经营的大部分利润上缴国家；另一方面是企业长期以来形成的效率低下和人浮于事降低了企业活力，企业盈利能力下降，无力支付养老保险费用，这些都是旧的经济体制给养老保险带来的不利影响和压力。制度的顺利转型必然要求财政的大规模支持。

不像城乡居民养老保险那样，我国城镇职工养老保险制度是由传统养老保险制度改革而来，转型成本是新型养老保险制度必须面对的问题。所谓的转型成本，是指"老人"和"中人"在改革前积累的待遇权益，即"视同缴费"部分。从理论上讲，这部分缴费应该由财政承担，一方面，在建立市场经济制度前，我国实行低工资制，职工的福利资金被当作利润上缴国家，形成财政收入，新型制度建立之后，财政承担转型成本实际上是对之前上缴福利资金的返还；另一方面，养老保险属于强制型的公共制度，财政应当承担一定的改革成本。

综上所述，从 1951 年建立劳动保险制度开始，我国就形成了养老保险依赖财政的密切关系，并且通常将养老保险放入经济发展的范畴中进行考量。在这种背景下，养老保险很难保持自身的财务平衡和独立性，从一定程度上说，财政大规模补贴养老保险制度是历史发展的必然。

二　混淆转型成本和正常补贴成本

当前我国养老保险制度存在的很多问题都是与未能解决好历史和现实之间的关系相联系的。所谓的历史和现实之间的关系，主要是指当前养老保险基金一方面要偿还历史债务，另一方面还要承担起当期支付的责任，财政在补贴当前制度运行的同时，也在为历史债务"买单"。

面对隐性债务引起的转型成本，我国主要由新制度中的统筹账户支付，当统筹账户不足以支付时，由个人账户资金支付。此外，统筹账户和个人账户还要承担起为参保人记账和积累功能，由此形成养老保险"混账"运行的状态。具体到财政支付方面，一方面，由于历史因素和财政的公共品属性，财政应当承担起养老保险的隐性债务问题，另一方面，财政如何承担以及承担多少，却没有明确的规定，不少学者提出调整财政支出结构并加大对养老保险的转移支付，还有的学者主张通过划拨国有资产来弥补债务缺口。在各地的实践中，地方财政转移支付成为主要手段，特别是对于一些老工业基地等支付缺口较大的地区，中央财政亦是承担了较多的补贴职责。《社会保险法》规定：国企和事业单位职工参加新型养老保险制度前，视同缴费年限期间应当缴纳的基本养老保险费用由政府承担。这实际上是从法律层面肯定了我国当前由财政消化养老保险转型成本的方式。

从全国范围看，我国养老保险制度自身出现收不抵支的问题发生在制度初建期和2014年之后，主要原因是，第一，在制度初建期，需要支付"老人"和"中人"的待遇，而这两部分群体没有缴费历史，于是导致财政补贴增加，随着制度覆盖面扩大，缴费收入增加，部分省份收不抵支的现象消失；第二，在2014年以后，制度扩面开始渐缓，但支出依旧较快增加，导致收不抵支重新出现。在这两个阶段，我们只看到财政补贴逐年增加，但缺乏有针对性的补贴方案，也就是说，当前逐年增加的财政补贴到底是为了弥补转型成本还是为了常规性补贴？也正是财政补贴未能区分历史和现实，导致养老保险形成过于依赖财政而存在的现象，形成一本"糊涂账"。

三　未将养老保险视为保险制度

作为保险制度要实现制度收支的大致平衡，从参保人的角度讲，其待遇决定于缴费，从整个制度的角度讲，基金收入要与基金支出大体平衡。而我国的养老保险制度均有所偏离以上两个标准。

在缴费和待遇方面，养老保险的激励性较弱，个人"多缴不一定多得"。彭浩然（2012）认为在当前制度结构下，延迟退休并不会带来养老金待遇的提高，相反会减少养老金财富，因此，我国当前养老保险制度对于延退并不存在激励作用，个人会选择提前退休。阳义南等（2012）通过构建回归模型，验证了当前我国养老保险制度具有对提前退休的受益激励，且无法提供推迟退休年龄和延迟领取养老金年龄的激励机制。

在整个制度的收支方面，由于一系列的原因，我国养老保险基金的收入和支出处于严重脱节的状态。第一，养老保险需要支付"老人"和"中人"的养老金待遇，而这部分支出并没有相对应的收入来匹配。第二，缴费和待遇脱节，将扩展至整个制度，也就是制度收入和支出的脱节。第三，每年调整养老保险待遇。在调待资金来源方面，"参加企业职工基本养老保险的，从基本养老保险基金中列支。对中西部地区、老工业基地以及新疆生产建设兵团，中央财政通过专项转移支付方式予以适当补助"，一方面，明确中央财政对困难地区的补助计划，如2008年在中央财政补贴基本养老保险的1127亿元资金中，169.3亿元资金属于调待资金，2011年1846.9亿元中央财政补贴中有282.3亿元调待资金，2012年2170亿元中央财政补贴中包括320亿元调待资金①；另一方面，在绝大多数省份和地区，调待资金的来源是基本养老保险基金，当基本养老保险基金出现支付缺口时，财政要承担最后的"兜底"责任。最终，调待资金的来源依然是财政。

值得注意的是，每年的调待资金将进一步削弱制度的保险性质。参保人领取的调待资金并没有相应的缴费资金予以匹配，也就违反了保险制度中缴费与待遇相联系的特征，随着调待资金的逐年增加，养老保险基金支出压力逐渐增加，进而对财政补贴提出更多的要求。

第三节　养老保险制度自身发展要求财政大规模支持

从理论上讲，养老保险模式决定了制度本身与财政之间的关系和距离。如现收现付制养老金与财政之间的关系较为密切，而基金积累制养老金与财政之间的关系较为疏远，养老保险自身结构问题与财政密切相关。

---

① 　资料来源：2009年、2012年和2013年《中国财政年鉴》。

在我国，除了一些历史因素外，养老保险当前运行结构和制度性质影响了当前财政补贴模式。

一　制度收入能力低

在缴费收入方面，当前养老保险缴费并未真正达到制度预期，大量存在的"非正常缴费"亦说明了这一问题。首先，养老保险实际缴费低于法定缴费。在制度运行中，企业缴费进入社会统筹，与员工没有直接联系，这使得企业缺乏正常缴费的动力，一方面，实际缴费率通常低于法定缴费率，在经济发达地区，养老保险基金结余多，政府面临基金保值增值的压力，而在经济落后地区，政府的第一要务是发展，养老保险提高企业的运营成本，这两种情况下，无论是企业还是政府通常有降低实际缴费率的倾向；另一方面，实际费基低于法定费基，不少私人企业主为其员工以社会平均工资的60%为缴费基数，并且只缴纳最低年限。其次，非正常缴费大量存在，在暂时增加基金收入的同时，将风险推向未来，进而增加财政补贴压力。所谓的"非正常缴费"主要包括预缴、补缴、清欠和其他缴费。预缴通常是指在企业改制时，政府和企业为下岗职工预缴10年或更久的养老保险费，补缴是指已经参加养老保险制度，但由于某种原因，缴费中断，个人可以将中断的缴费一次性补足，在有些地方，一些临近退休的人由于缴费年限不够待遇领取条件，一次性地缴纳养老保险费；清欠是指有些企业因为经营困难或其他理由而拖欠养老保险费，当企业有条件支付时，一次性或分次补缴保险费。其中，补缴占非正常缴费的比重最高，2012年为82.1%。自2010年开始，我国基本养老保险基金缴费收入中非正常缴费所占比重一直维持在10%左右，如图6-2所示。自2012年起，非正常缴费所占比重持续下滑，但在2015年又重新有所上升。这部分收入，能够快速增加制度的收入，但也意味着制度面临新的支付义务，参保人刚刚缴费就能领取社会统筹养老金，从而对基金造成巨大压力。

二　碎片化问题

我国养老保险的碎片化主要体现在以下两个方面：群体之间的碎片化和地区之间的碎片化。

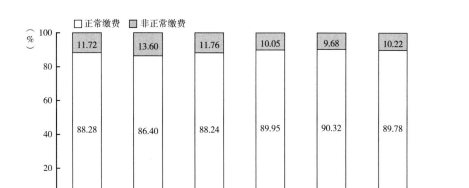

图 6-2　2010～2015 年城镇职工基本养老保险基金缴费收入中
正常缴费和非正常缴费所占比重

资料来源：郑秉文主编《中国养老金发展报告 2016——"第二支柱"年金制度全面深化改革》，经济管理出版社，2016，第 62 页。

　　第一，不同群体之间的碎片化。我国养老保险制度的对象包括三类：企业、居民和机关事业单位。2015 年机关事业单位养老保险制度改革前，三类群体的养老保险制度各不相同，其中机关事业单位的养老保险待遇要高于企业和居民，在这种情况下，从 2004 年开始，我国开始了长达 20 年的提高企业退休人员养老金待遇的过程，也为财政补贴养老金制度奠定了基础。从 2015 年开始，我国建立起企业和机关事业单位相同的养老保险制度框架，但机关事业单位基本养老保险基金单独建账，与企业职工基本养老保险基金分别管理使用，从本质上看，当前依旧是企业和机关事业单位制度并行的态势，群体之间的制度碎片化现象依然存在。从国际对比的角度看，碎片化的养老保险并非中国特色，法国亦是如此，根据不完全统计，法国养老保险制度由上千个碎片组成，碎片之间形成待遇攀比现象，为了缓解不同碎片之间的待遇差，财政不断加大补贴，且待遇只能升不能降，财政补贴越来越多。这对于我国的养老保险制度来说，值得警惕。

　　第二，地区之间的碎片化。由于统筹层次低，我国的养老保险制度分散在各个省（区、市），由于各个地区经济发展水平不同，养老保险的待遇水平亦不同，在经济发达地区，基金结余多，财政支付能力强，而在经济落后地区，基金结余少，通常面临较大的支付缺口，必然将对财政造成较大压力。

三　制度缺乏自动平衡机制

在社会保险领域，自动平衡机制通常是指在制度的收入和支出之间的平衡关系，当收入大于支出时，可适当降低费率或提高待遇，当收入小于支出时，可适当提高费率或降低待遇，直到收入和支出大体相当为止。对于养老保险以外的四种保险，更多追求的是短期平衡，平衡期限通常是1年，对于这类保险，自动平衡机制可追求当年基金的收支平衡，以收定支；对于养老保险来说，平衡周期相对较长，即使是现收现付制，也要涉及多年的权益积累。因此，养老保险自动平衡机制的周期较长，通常为几十年，在某种意义上说，是制度资产与负债之间的平衡。

具体到我国当前的养老保险，制度收入和支出之间的关系相对松散，"调待"政策的出台使得这种关系更加扑朔迷离。根据其他国家的经验，待遇调整通常要考虑到人口结构变动和经济发展趋势，从而确定制度的缴费率、替代率和退休年龄，而我国的养老保险却缺乏与人口变动和经济发展之间的联系，在制定相关参数时缺乏精算依据，从而导致制度的收支失衡，当出现缺口时，不能迅速地做出反应，财政补贴是最为立竿见影的弥补手段，从而加大了财政压力。

第七章
国外财政补贴养老保险的情况及其经验

财政补贴养老保险是大势所趋，也是国际惯例，通过分析主要国家财政补贴养老保险的情况，可以发现其中的规律，同时，我国养老保险制度还处于初期发展阶段，国外养老保险制度的经验和教训可为我国提供借鉴。

第一节　部分国家财政补贴养老保险的情况

世界上的养老保障模式有很多，除了现收现付制的养老保险制度外，还包括个人账户制、名义账户制、公积金制、超级年金等制度，这些制度的积累制特征较为明显，与我国当前的城镇职工养老保险制度有所不同。本文在研究国外情况时，主要选取典型的现收现付制养老保险，分析主要国家的制度发展情况和财政补贴状况，其中包括美国、英国、德国、希腊和日本。这些国家同属现收现付制制度，但在财政补贴方面呈现两个极端，美国和英国制度中，财政补贴养老保险的水平较低，但希腊财政却要为巨额养老保险制度埋单，德国养老保险制度发展历史悠久，虽然未对财政造成像希腊那样的压力，但人口老龄化给制度带来持续挑战，日本人口老龄化程度较为严重，研究该国养老保险制度对财政带来的压力也是意义深远的。

一　美国：追求养老保险制度的自我平衡

美国的公共养老保险制度建立于 1935 年，属于典型的现收现付制制度。具体到财政在美国养老保险制度中的作用：首先，该制度属于强制性

的公共养老金制度，建立主体是政府，财政理应承担起对养老保险的
"兜底"责任；其次，财政积极参与养老保险基金的管理与运营，美国社
会保障署是养老保险制度的管理主体，通过在财政部设立两类信托基金
（联邦老年和遗属保险信托基金、联邦伤残保险信托基金）对养老保险基
金进行管理；最后，美国养老保险基金只能购买财政部发行的特殊债券，
这部分利息成为制度的资金来源。

从理论上来讲，这种政府建立的现收现付制养老金制度与财政之间的
距离近，较容易模糊养老保险与财政的界限，但在实际运行中，美国养老
保险制度一直"努力"拉开与财政之间的距离，其主要原因是美国养老
保险制度追求自我平衡，财政补贴从理论上为零，其资金来源主要是雇主
和雇员缴费，缴费收入占基金总收入的比重通常在80%以上，如图7-1
所示。根据美国相关规定，在正常情况下，美国财政不能直接补贴养老保
险，比如在2003~2009年，财政直接补贴为0，除非发生法律规定的特殊
情况。比如在2011年和2012年，财政直接补贴占基金总收入的比重突然
高达12.8%和13.6%，主要是在这两年，美国雇员和自雇人员的缴费率
降低，导致制度缴费收入下降，根据相关法律规定[①]，美国财政要弥补这
种情况导致的收入减少。此外，在2000年、2004年、2010年、2013~
2017年，美国财政都在某种程度上直接补贴养老保险，但占比均不超过
1%，且发生了法律规定的某些情况，需要财政弥补制度收入的损失。

在美国养老保险资金来源中，除了缴费收入和财政直接补贴外，还包
括10%~20%的其他收入，主要是利息和待遇税。其中，利息是指养老保
险基金购买特殊国债产生的利息，待遇税是指对参保人养老保险待遇超过
一定水平的部分征收的税。从理论上来讲，利息和待遇税都由财政支付给
养老保险，但从方式上与财政直接补贴截然不同，从而确保财政和制度之
间的距离。

美国之所以能够维持现收现付制和财政之间的关系，与其自我平衡能
力密不可分，自1941年以来，美国每年都要发布养老保险运行情况的精

---

① 参考的法律包括《公法》第111~312条、《税收减免法》、《失业保险修订法》、《就业
创造法》。

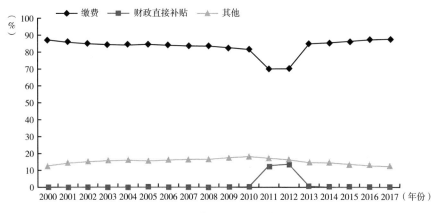

图7-1　美国养老保险制度资金来源

资料来源：美国社会保障署 Social Security Administration，SSA，2001-2018 年 *The Annual Report of the Board of Trustees of the Federal Old-Age and Survivors Insurance and Federal Disability Insurance Trust Funds*，见美国社会保障署网站。

算报告，对制度的中长期收支情况进行预测，每年的报告都要对制度的收不抵支节点和基金耗尽节点进行预测，比如，1941 年精算报告中提到 1961 年将是制度收不抵支的节点，然而在 2018 年报告中，提出 2018 年将是收不抵支的节点，2034 年是养老保险基金耗尽的节点①。但从整体上看，美国养老保险制度依旧平稳向前运行，其原因主要在于根据精算结果对制度收支进行调整。根据相关预测，每当即将出现收支缺口时，美国都会提高缴费率，如图 7-2 所示，建制 80 多年来，美国养老保险缴费率调整过 20 多次，其整体趋势是上调（2011 年和 2012 年较为特殊），逐渐从一开始的 2.00% 提高到当前的 12.40%。也就是说，美国会通过对养老保险制度的调整来维持收支平衡。

二　英国：多支柱模式下的低财政补贴

英国的养老保障属于典型的"三支柱"模式，第一支柱为保险型的国家养老金（State Pension），第二支柱为职业养老金，第三支柱为个人养老

———————————

① 2018 年报告分析的是 2017 年数据，也就是说，根据 2017 年数据预测，2018 年将出现收不抵支。

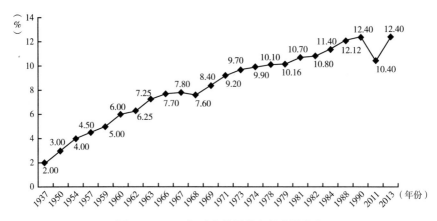

图 7-2　1937 年以来美国养老保险缴费率

注：图中的各年份是执行新缴费率的第一年。

资料来源：Tax Policy Center, Payroll Tax Rates 1937-2017, https：//www. taxpolicycenter. org/statistics/payroll-tax-rates.

金。具体到国家养老金，又分为两部分：国家基本养老金和国家第二养老金，其中国家基本养老金属于缴费型养老金。2016 年，雇员和雇主的缴费率分别是 12%和 13.8%，总计 25.8%，当缴费满 30 年，参保人则可领取全额养老金。在待遇方面，国家基本养老金与缴费数额无关，而是与缴费年限相关，对于缴费年限相同者，无论退休前的工资差别有多大，均领取同一待遇的养老金。国家第二养老金属于收入关联型补充养老金，其支付对象是已经缴费参加国家基本养老金但未能参加职业养老金和个人养老金者，资金来源是财政，退休收入越低，可领取的国家第二养老金越高。

值得注意的是，国家养老金的缴费被称为国民保险税，纳入一般财政预算，雇主和雇员缴费统一纳入财政，再由财政支付养老金。在一般财政预算框架内，英国国家养老金与财政的关系较为密切，甚至可以说，国家养老金是财政承担收入分配功能的直接手段。即便如此，国家养老金并未对财政造成压力，甚至国民缴纳的部分国民保险税还可以弥补一般财政赤字，这主要是由制度的高缴费率和低替代率决定的。如前所述，英国国家养老金的缴费率高达 25.8%，但其替代率为 22.1%[1]，这必然会产生一定

①　OECD, Pension at a glance 2017：OECD and G20 Indicator, OECD Publishing, Paris, 2017, p. 103.

的盈余，这也可以从制度的整体收支状况中体现出来。如图 7-3 所示，在 2002/2003~2016/2017 财年，国家养老金的缴费收入一直高于待遇支出，在 2016/2017 财年，制度盈余高达 333.5 亿英镑，所以不存在财政补贴养老保险的情况。

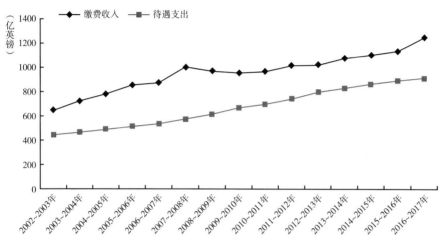

图 7-3　2002/2003~2016/2017 财年英国国家养老金的缴费收入和待遇支出

资料来源：The Statistics Portal，https：//www. statista. com/.

英国公共养老保险制度即使是在与财政一般预算合二为一的情况下依然能够呈现盈余状况，这也主要是由较低的替代率决定的。之所以这种低替代率能够维持下去，私人养老金可谓是发挥了关键的作用。在 20 世纪 80 年代，撒切尔夫人开始对国家养老金制度进行私有化改革，建立协议退出机制，个人可以在公共养老金和私人养老金中自由选择，如果选择私人养老金则可以享受一定的税收优惠，这导致私人养老金繁荣发展起来。直至今日，英国私人养老金的替代率仍然高达 30%[①]，超过公共养老金的替代率。也正是由于私人养老金的繁荣发展，英国财政才得以从巨大的养老金财务压力中脱身开来。

[①]　OECD，Pension at a glance 2017：OECD and G20 Indicator，OECD Publishing，Paris，2017，p. 103.

三　德国：人口老龄化下的财政补贴压力较大

1889 年，德国建立起世界上第一个养老保险制度，该制度实施至今已有百余年历史。该制度是典型的现收现付制，缴费来源主要是雇主和雇员，在 2016 年，雇员和雇主缴费率均为 9.345%，总计 18.69%，计算待遇时采用积分制，积分的多少由缴费决定，积分的价值由退休年龄、缴费工资、社会净平均工资等因素决定。德国在一开始设计制度时就强调财政对养老保险的补贴功能，即使是在养老保险财务盈余时，财政也要进行一定的补贴，体现了"三方合作"传统。近年来，由于经济的强劲发展以及较低的利率水平，当日本、美国、英国、西班牙、法国等发达国家饱受赤字困扰之时，德国却成为 G7 国家中唯一一个财政盈余的国家（自 2014 年以来）。但即使是这么一个财政状况良好的国家，也要开始面临人口老龄化带来的养老金支付压力。自 20 世纪 90 年代以来，德国养老保险制度已经开始面临收不抵支的状况，制度缴费收入远不能达到当年待遇支出的要求，如图 7-4 所示，在 1995 年，德国养老保险缴费收入为 1380 亿欧元，同年待遇支出为 1500 亿欧元，之后，收支缺口持续扩大，在 2005 年前后高达 400 多亿欧元，此后虽然有所减少，但缺口依然为 300 多亿欧元，并且从发展趋势看，待遇支出增长的速度要快于缴费收入增长的速度。

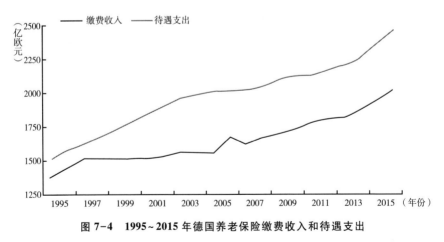

图 7-4　1995~2015 年德国养老保险缴费收入和待遇支出

资料来源：Sebastian Becker, Germany's fiscal situation, Deutsche Bank Research, 2017.

面对收支缺口，财政在德国养老保险制度中承担的作用越来越大，如图 7-5 所示，在 20 世纪 90 年代初，德国养老保险制度中的财政补贴占比大约为 18% 左右，90 年代前期，财政补贴占比呈现波动态势，但升降的幅度不大，但是从 1997 年开始，财政补贴占比开始快速增加，到 2003 年前后增至 30%，之后 10 年里一直稳定在这一水平，从 2014 年和 2015 年开始有所下降，但降幅不大，在 2016 年，财政对养老保险制度的补贴达到 826 亿欧元，占 GDP 的比重为 2.6%，大约为当年养老保险支出的 1/3。在 2018 年，财政补贴达到 940 亿欧元，2021 年为 1034 亿欧元，占财政支出的比重分别达到 27.9% 和 29.0%。届时，德国将大约有 1/3 的财政支出用于补贴养老保险制度①。

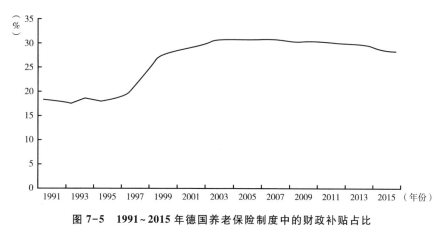

图 7-5　1991~2015 年德国养老保险制度中的财政补贴占比

资料来源：Sebastian Becker, Germany's fiscal situation, Deutsche Bank Research, 2017.

四　日本：人口老龄化下的有限财政责任

日本的养老保障制度分为四个层次，第一层次是国民年金，第二层次是雇员年金，第三层次是企业年金，第四层次是个人储蓄养老金，其中第一层次和第二层次属于公共养老金范畴。第一层次的国民年金并不是像欧洲多数国家那样的非缴费型养老金，而是统一缴费和统一待遇的最低养老金，国民年金制度规定，所有 20~59 岁的日本居民都必须加入该制度，

---

① Sebastian Becker, Germany's fiscal situation, Deutsche Bank Research, 2017, p.4.

60～64 岁的日本居民可自愿加入该制度，在 2016 年 4 月到 2017 年 3 月，国民年金的每月缴费额为 16260 日元，居民至少缴费 25 年并达到 65 岁之后才可以领取国民年金，但如果要领取全额国民年金，则必须缴费满 40 年，在和财政的关系方面，财政承担国民年金的全部管理费用以及一半的待遇支出。在雇员年金方面，该制度根据参保对象的不同可分为两大类：针对私人部门的厚生年金以及针对公共部门的共济年金，2017 年 9 月以后，雇员年金的缴费率为 18.3%，雇员和雇主各承担一半，对于该制度，财政只承担管理费用，不承担补贴待遇的职责。

从整体来看，近年来日本公共养老保险制度呈现较为平稳的发展态势，制度总收入从 2009 年的 44.1 万亿日元增长至 2014 年的 47.2 万亿日元，其中保费收入从 25.4 万亿日元增长至 27.1 万亿日元，财政补贴收入从 9.9 万亿日元增长至 10.7 万亿日元，具体到各项收入的占比，保费收入维持在 50%～60%，财政补贴收入的波动范围较小，为 21%～23%。同期，制度总支出从 2009 年的 43.9 万亿日元提高到 2014 年的 47.2 万亿日元。

表 7-1   2009～2014 年日本公共养老保险制度收入和支出状况

单位：万亿日元

年份	2009	2010	2011	2012	2013	2014
保费收入	25.4 （57.6%）	25.2 （54.3%）	25.1 （54.5%）	25.4 （53.8%）	26.4 （57.1%）	27.1 （57.4%）
财政补贴收入	9.9 （22.4%）	10.1 （21.9%）	10.4 （22.6%）	10.6 （22.4%）	10.4 （22.6%）	10.7 （22.7%）
总收入	44.1	46.3	46.0	47.3	46.2	47.2
总支出	43.9	46.2	46.0	47.3	46.2	47.2

注：自 2015 年起，日本年金机构发布的年度报告中只包括制度的总支出和总收入，不再有详细的收入来源划分。

资料来源：日本年金机构：历年年金年度报告，http：//www.nenkin.go.jp/info/annual/index.html。

在公共养老保险制度对财政造成的负担方面，2009 年，日本财政补贴公共养老保险支出占当年财政支出的比重为 11.2%，2010 年下降至 10.9%，此后有所提升，但均不超过 12%，如图 7-6 所示。在 2009～2012

年，财政补贴公共养老保险支出占财政支出的比重呈现上升趋势，直至 2012 年的 11.7%，之后呈现下降趋势，2013 年和 2014 年均为 11.2%。联系这一时期的人口老龄化态势可以发现，2012 年左右是日本人口老龄化速度放缓的转折点，在这一年，65 岁及以上老年人口所占比重结束以往快速上升的趋势，进入稳定发展期，这也为财政补贴养老金留出"喘息"的空间。

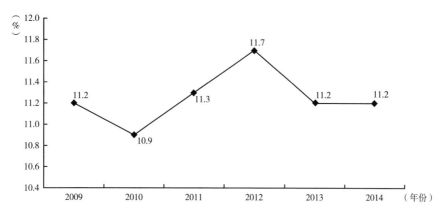

图 7-6 2009~2014 年日本财政补贴公共养老保险支出占财政支出的比重

资料来源：历年财政支出数据来自日本财务省网站：https：//www.mof.go.jp/english/budget/budget/index.html。财政补贴数据见上表资料来源。

五 希腊：债务危机下的养老保险财政补贴压力较大

希腊养老保障制度由三个部分组成，即我们通常提到的"三支柱"模式，其中第一支柱是公共养老保险，第二支柱是职业年金计划，第三支柱是私人养老保险计划，相较于第一个支柱，第二支柱和第三支柱的规模极为有限，其资产占所有养老资产的比重不到 1%，第一支柱即公共养老保险承担了 99% 的保障功能。希腊公共养老保险也是典型的待遇确定型的现收现付制养老金制度，包括三个部分：主要养老金、附加养老金和一次性给付。一直以来，希腊养老金以慷慨著称，2010 年，有人曾对改革前的希腊养老保险制度和德国养老保险制度进行对比发现：在全额养老金的缴费年限方面，希腊要求 35 年，德国要求 45 年；在养老金替代率方面，希腊是 80%，德国是 46%；在每年养老金领取月数方面，希腊是 14

个月，德国是 12 个月；在最高养老金方面，希腊是 2535 欧元，德国是 2100 欧元；在养老金平均领取年龄方面，希腊是 62.4 岁，德国是 63.2 岁；在 2004~2006 年养老金涨幅方面，希腊是年均 4%，德国是 0……①。慷慨的养老金待遇给希腊政府带来沉重压力。

如图 7-7 所示，进入 21 世纪以来，希腊公共养老保险支出占 GDP 的比重一直保持在 10% 以上，2008 年债务危机时，养老保险支出占 GDP 的比重为 13.1%，此后，为了应对危机，希腊对养老保险制度进行改革，包括引入私人养老金制度等，但这些改革并未奏效，养老保险支出一直呈现稳步上升的态势，直至 2015 年的 17.8%。值得注意的是，自 2011 年开始，希腊养老保险支出在整个欧盟范围内开始稳定保持在第一位，超过传统的养老保险支出大国——德国和意大利，更是超出整个欧盟地区 4~5 个百分点。在养老保险给财政带来的压力方面，希腊 2001 年养老保险支出占政府公共支出的比重为 24.3%，到 2015 年，这一比重达到 33.1%，也就是说当前希腊政府需要用 1/3 的财政资金来补贴养老金。

不少学者将财政补贴养老金视为 2008 年债务危机的主要原因之一②，有人认为希腊养老金制度已经成为希腊与其他欧洲国家谈判的关键点，2015 年，欧盟国家和希腊达成 72 亿欧元的援助协议，其中一个要求是希腊需要改革其养老金体系和劳动力市场政策。但是希腊养老金制度改革又是难以推动的，首先，希腊人口老龄化形势日益严峻，65 岁及以上老年人口占总人口的比重超过 20%，仅次于意大利和德国，成为欧洲地区第三"老"的国家，并且老年人口抚养比逐渐降低；其次，希腊社会对养老金的依赖日益严重，由于失业率水平较高，将近一半的希腊家庭主要依赖养老金生活；再次，养老金水平不高，大约 45% 的参保人领取的养老金水平在贫困线以下，民众对养老金的需求持续存在。这也解释了为何在

---

① http：//www.businessinsider.com/greece-germany-pensions-2010-4？op=1，最后访问时间：2013 年 7 月 16 日。

② 如 Alberto Nardalli, Unsustainable futures? The Greek Pensions dilemma explained, https：//www.theguardian.com/business/2015/jun/15/unsustainable - futures - greece - pensions - dilemma-explained-financial-crisis-default-eurozone. Jenny Cosgrave, Why Greece's pensions are key to the debt deadlock, https：//www.cnbc.com/2015/06/18/why-greeces-pensions-are-key-to-the-debt-deadlock.html.

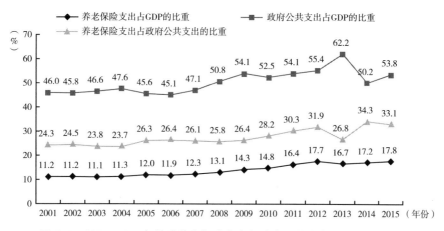

图 7-7   2001~2015 年希腊养老保险支出和政府公共支出占 GDP 的比重

资料来源：养老保险支出占 GDP 的比重见 PORDATA, Pensions：total expenditure as a % of GDP , https：//www. pordata. pt/en/Europe/Pensions+total+expenditure+as+a+percentage+of+GDP-1579。政府公共支出占 GDP 的比重见 OECD, General government spending, https：//data. oecd. org/gga/general-government-spending. htm。养老保险支出占政府公共支出的比重由笔者根据前两个数据计算得出。

经历了债务危机之后的一系列改革后，希腊养老金支出依然快速增长。正如希腊政府表示：欧盟应当更加关注希腊的逃税问题和公共管理低效的问题，而非养老金问题和就业问题。

综上所述，希腊在养老金和债务危机方面所持的态度是矛盾的，一方面，需要削减养老金支出来应对危机；另一方面，当前希腊福利制度呈现明显的"养老金倾向"（pension bias），养老金承担了过多的社会功能，如家庭津贴功能，希腊社会离不开当前的养老保险制度。值得注意的是，希腊养老金的问题更多的是结构性问题和分配不均的问题，因此，希腊应对危机的福利改革策略应当是综合性的，而非单纯地依靠削减养老金。

第二节   国际经验和启示

通过对比上述主要国家养老保险与财政之间的关系，我们可以直观地发现，各个国家养老保险制度对财政造成的压力差别是较大的。其中，德国和希腊财政面临的压力最大，其次是日本，最后是英国和美国。与此同时，本书研究发现影响二者关系的几个因素：人口老龄化、替代率、私人养老金。其中，人口老龄化是影响二者关系的基础性因素，替代率是影响二者关系的直接因素，私人养老金是影响二者关系的重要外部力量。

一　人口老龄化是公共养老保险制度必须面对的挑战

现收现付制养老保险面临的最大挑战来自人口老龄化。从理论上讲，人口老龄化导致制度供款减少，同时支出增加，其中产生的缺口通常由财政进行补贴。老龄化程度越高，制度对财政造成的压力越大。图 7-8 展示了 1980~2020 年日本等五个国家的人口老龄化程度。日本是最晚进入老龄化社会的国家，但其发展速度最快，到 2020 年，日本 65 岁及以上老年人口占总人口的比重已达到 28.2%，其次是德国和希腊，2020 年老年人口占比分别达到 22.2% 和 21.1%，英国不到 20%，最年轻的国家是美国，大量年轻劳动力的涌入，导致其老年人口占比仅为 16.6%。相应的，人口老龄化程度严重的国家，其养老保险制度对财政造成的压力一般较大，如德国和希腊，养老保险财政支出占财政总支出的比重通常超过 30%，而英国和美国的老龄化程度较低，其养老保险制度对财政几乎不造成压力。日本是较为特殊的国家，虽然人口老龄化程度最高，但养老保险对财政的压力却不大，究其原因，日本并未规定财政对厚生年金和共济年金实行补贴，仅对国民年金补贴 50%，通常来讲，非缴费型养老金和最低定额养老金水平较低，通常不会对财政造成太大的压力。

二　替代率和缴费率是影响养老保险财政压力的直接因素

通常来讲，养老保险制度的缴费率高，制度自身收入能力强，对财政补贴的需求就低。制度替代率高，越慷慨，支出水平高，对财政补贴的需求就越高。在英国，缴费率水平要高于替代率水平，导致制度出现大量结余，甚至可以用来弥补一般财政赤字，因此也就不存在财政补贴养老保险的情况；在美国，相较于制度的替代率水平，其缴费率水平较低，意味着美国在较低缴费率水平下维持了较高的替代率，究其原因，主要是其较为年轻的人口年龄结构和充足的缴费人口在一定程度上弥补了较低的缴费率水平。根据相关精算结果，美国这种收支情况还将维持多年；在希腊，相

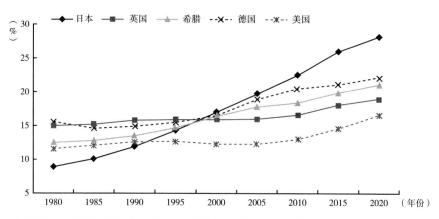

图 7-8　1980～2020 年日本等五个国家 65 岁及以上老年人口占总人口的比重

资料来源：UN，World Population Prospects 2017，https：//esa. un. org/unpd/wpp/.

对于制度的替代率水平，其缴费率水平相对较低，制度存在明显的收支缺口，财政首先受到影响。日本和德国的缴费率水平和替代率水平大致相当，但日本养老保险制度的财政补贴压力较小，这也与两个国家的养老保险制度规模密切相关（见表 7-2）。

表 7-2　近年来美国等五个国家公共养老保险的缴费率和替代率

单位：%

	美国	英国	日本	德国	希腊
缴费率	12. 4	25. 8	18. 3	18. 69	20
替代率	38. 3	22. 1	34. 6	38. 2	53. 7

资料来源：缴费率数据见 SSA：Social Security throughout the world，Europe 2016；Asia 2016；Americas 2017；替代率数据见 OECD，Pension at a glance 2017：OECD and G20 Indicators，OECD Publishing，Paris，2017，p103.

三　私人养老金制度是降低养老保险财政压力的重要外部力量

通过对美国等五个国家以及其他国家养老保险制度的研究发现，私人养老金是影响养老保险财政压力的重要力量。通常来讲，建立完备私人养老金计划的国家，其公共养老金面临的财政补贴压力较小，二者呈现明显的负相关关系。英国和美国是较早建立私人养老金计划的国家，发展至今，其私人养老金已经形成较大规模，其替代率甚至要超过公共养老金的替代率，如英国公共养老金的替代率为 22.1%，而私人养老金计划的替代率已经达到 30%，在美国，以企业年金为代表的私人养老金计划繁荣发展，其功能与公共养老金不分上下。在日本，企业年金通常被当作企业福利和私人养老金提供给员工，其发展历史较为悠久，亦形成一定的资金规模，当前的替代率能够达到 23.1%；德国是建立私人养老金计划较晚的国家，在 21 世纪初的养老金制度改革中，德国在公共养老金计算公式中为私人养老金的发展提供了空间，并强调政府的税优政策，在这种背景下，德国私人养老金计划缓慢发展起来，当前能够提供 12.7% 的替代率水平；希腊是缺乏私人养老金计划的国家，公共养老保险制度一支独大（见表 7-3）。随着私人养老金计划替代率的降低，各国财政对公共养老保险制度的补贴越来越多，英国和美国的养老保险财政补贴基本为零，日本维持在 11%~12%，德国为 30% 左右，希腊则高达 34.1%。

表 7-3　近年来美国等五个国家私人养老金计划的替代率

单位：%

	美国	英国	日本	德国	希腊
替代率	33	30	23.1	12.7	0

资料来源：OECD，Pension at a glance 2017：OECD and G20 Indicators，OECD Publishing，Paris，2017，p. 103.

第八章

未来改革方向：理顺基本养老保险 制度与财政之间的关系

　　我国养老保险制度与财政之间的关系应当建立在两个前提之上：一是养老保险的保险性质，二是财政的公共产品属性。前者决定了养老保险应当具备一定的独立性，适当拉开与财政之间的距离，并实现财务的自我平衡；后者决定了财政不应当过多地直接补贴养老保险制度（养老保险在一定程度上具有准公共产品的性质），而是应该投向公共产品属性更强的非缴费型养老金，并从整体上促进养老保障体系的发展。

　　从当前看，我国主要从两个方面入手来缩小养老保险支付缺口：扩面和提高财政补贴，但这两种方法都不具有可持续性。如图 8-1 所示，在扩大覆盖面方面，近年来，制度中缴费人口（在职人口）虽逐年增加，但增速从 2012 年开始逐年降低，与此同时，缴费收入的增速也开始有较大幅度的下滑，特别明显的是，制度本身结余额也首次减少，且下降速度较快。因此，从我国当前养老保险发展的现状看，制度扩面已经进入"慢车道"，基金缺口的发展却进入"快车道"，这是在扩面依然进行的情况下发生的。随着人口老龄化程度的不断加深，扩面将会逐步缓慢，进而导致养老保险制度不可持续的风险。伴随基金缺口扩大的是财政补贴的迅速增加，从 2014 年开始，养老保险制度中的财政补贴增速加快，财政成为弥补缺口的首要选择，但显然这是不可持续的，因此，调整养老保险财政补贴方式以及改革养老保险制度成为未来改革的重点。

图 8-1　2004~2016 年我国养老保险运行情况

资料来源：人力资源和社会保障部 2003~2016 年《人力资源和社会保障发展事业统计公报》。

第一节　改变财政补贴养老保险的方式

自新型养老保险制度建立以来，财政承担起对基本养老保险制度的"兜底式"补贴责任，并得到法律的确认。这样会出现两个方面的情况：一方面，养老保险收不抵支，严重依赖财政补贴，给财政带来一定压力；另一方面，从国际比较的角度看，我国财政补贴基本养老保险的水平虽然相对较低，但补贴模式有助于补贴水平的快速上升，因此，上述补贴方式对于财政来说亦是不可持续的。本文分析和反思我国基本养老保险和财政之间的关系，并得出其最终目标是建立起可持续的财政补贴机制和养老保险财务机制。要想达到上述目标，需要进行以下几个方面的努力。

一　厘清财政在转型成本和当前补贴中的义务

从当前的制度运行看，一方面财政要承担养老保险制度转型的历史债务，另一方面还要承担养老保险正常补贴的法律义务，对于这两类补贴，财政并没有具体区分，根本原因在于养老保险转型的隐性债务没有显性化。如果不区分财政的两类补贴，也就意味着未来财政应当承担的养老保险义务并不清楚，养老保险财政补贴依然是"乱账一本"。

在处理这个问题时，应该采取"两步走"，一是将隐性债务显性化，二是找到消化债务的渠道。智利为我们提供了较好的范例：智利于1981年进行养老保险改革，从原来的现收现付制转化为完全积累制，在此过程中，改革前参保人积累的养老保险权益构成转型成本，对此，智利采取了"认购债券"的办法。该债券由政府发行，是对新制度中"中人"缴费权益的认定。凡1980年11月之前5年内向原制度缴费满1年的参保人都有权利获得该债券，认购债券提供的退休金标准为：参保人在1978年6月30日至1979年7月31日之间缴费工资的80%×参保人在原制度下的缴费记录年限/35（假定全额缴费年限为35年），认购债券的价值每年以4%的利息计算。"认购债券"将智利养老保险改革的转型成本显性化，也相当于为财政支出提供了明确的预期，对于财政和养老保险的关系来说，智利改革使得养老保险成为独立的制度，并拉开财政与养老保险的距离，虽然在一开始，由于需要消化转型成本，财政压力较大，但却不失为"一劳永逸"的办法。

我国自1997年建立统一的养老保险制度至今，已有20多年的时间。我们可以以1997年26号文颁布日期为时点，计算"老人"和"中人"在原制度下积累的缴费权益，并将其转化为新制度下的待遇，计算出历史成本。另外，要确定财政补贴新型养老保险的额度问题，比如依据财政力量进行配比缴费（在此情况下，财政补贴由被动转为主动），即财政应该如何常规性地补贴养老保险。历史成本加上过去20年的常规性财政补贴构成当前财政理论上面临的历史债务，该历史债务减去过去20年财政对养老保险的补贴即是当前财政实际上要解决的历史债务，对此，我们应该尽快拿出解决方案，或者财政逐年承担，或者划拨国有资产等。值得注意的是，此后财政再补贴养老金时，一定要与解决方案中的财政支出相区分，一旦历史债务得以解决，财政仅执行常规性补贴即可。

此外，2015年我国机关事业单位养老保险开始改革，依然也面对转型成本的问题，值得警醒的是，一定要处理好机关事业单位养老保险转型成本的问题，一方面，改革执行"老人老办法"，改革前退休的职工按照原制度执行，但改革文件中并未提到"老人"待遇的资金来源，对此，笔者认为该资金来源应该是财政，而非改革后的养老保险基金；另一方面，"中人中办法"，首先要计算"中人"在原制度下积累的权益，并转化为新制度下的权益，出台财政解决方案，并划入新制度中，转型成本解决后，即可执行常规性财政补贴。值得注意的是，要坚决避免延迟历史债务的解决，不要将财政风险推向未来。

二　调整财政补贴方式：从"补出口"到"补入口"

财政补贴养老保险的方式决定了财政与养老保险之间的距离，也就决定了养老保险支出方面的财政压力。从当前看，我国养老保险财政补贴采取的是"兜底"的方式，财政对基金缺口负全责，导致养老保险依赖财政补贴、财政压力逐年增大的问题。在未来发展中，我们可以通过调整财政补贴养老保险的方式来缓解这一问题。国际上也为我们提供了一些思路：比如在美国，2010 年之前财政从不直接补贴养老保险，从 2010 年开始，财政开始直接补贴，但占基金收入的比重极低，如 2010 年占比为0.3%，2011 年为 12.8%，2012 年为 13.6%①，2013 年为 0.6%，2014 年为 0.06%，2015 年为 0.03%②，除了 2011 年和 2012 年的特殊情况外，其他年份的直接财政补贴很低。美国财政补贴养老保险的主要方式是针对养老保险基金发行特殊国债，并且养老保险基金只能购买该国债，这种补贴方式占到制度收入的 10% 以上；在瑞典，财政亦是不直接补贴养老保险制度，而主要是承担三类缴费：个人在失业、伤残和工伤期间的缴费；女性在照看 4 岁以下儿童期间的缴费；接受高等教育以及服兵役期间的缴费。2007 年，这三类缴费的财政支出大约相当于当年整个制度缴费收入的

---

① 在 2011 年，根据《2010 年美国减税、失业保险修订和创造就业机会法案》，雇员和自雇者的工薪税降低，对于这部分减少的养老保险收入，财政将予以弥补。在 2012 年，根据《2011 年美国工薪税继续削减的临时法案》以及《2012 年美国中产阶级减税和创造就业机会法案》，雇员和自雇者的工薪税降低，对于这部分减少的养老保险收入，财政将予以弥补。

② 资料来源：历年美国社会保障署《Annual Report of the Board of Trustees of the Federal Old‐age and Survivors Insurance and Federal Disability Insurance Trust Funds》，U.S. Washington。

11%[①]。在德国，财政将补贴养老保险的比重确立在 20%～30%[②]。

从当前情况看，我国并不具备实行上述补贴模式的条件，但可以从大原则上做一些改变。总结这些国家的财政补贴方式可以发现，它们基本上舍弃了"兜底式"的补贴方式，财政由被动"兜底"转为主动补贴，根据我国当前的情况可以做出以下改变：第一，从"补出口"到"补入口"。在划清历史责任和现实责任的基础上，确立新型的财政常规补贴方式。财政应当从"补入口"出发，实现确认财政的补贴责任，而非当出现缺口时被动承担弥补责任。可以采取以下的"补入口"方式：为增强制度的激励性，财政补贴可进入个人账户，以 2016 年为例，全国在职参保人口为 2.7826 亿，财政补贴养老保险为 6511 亿元，如果将 6511 亿元计入个人账户，则个人账户平均增加 2339 元，同年，全国社会平均工资为 42833 元，按照 8% 的记账方式，个人账户记账额为 3426.64 元，如果加上财政补贴部分，个人账户记账额将大幅增加，激励性将大大增强。第二，以收定支，财政支出化被动为主动。财政补贴养老保险应遵循以下理念：财政补贴养老保险是必要的，但应该是有限的，同时在财政补贴和缴费收入的基础上确定养老保险待遇。当前的制度是根据养老保险待遇的多少，决定基金支付缺口，进而决定财政补贴额度，调整后，应该根据制度的缴费收入，利息收入，财政补贴和其他收入等来决定待遇，在此基础上确定养老保险独立运营模式，并最终还原财政的公共产品属性。

第二节　应对人口老龄化：构建多支柱养老保障体系

如前所述，人口老龄化是我国养老保障体系未来面临的最大挑战，快速老龄化使得我国面临人口与经济的双重压力，在这种情况下，仅依靠财政支持公共养老金制度是不可行的。

1994 年，世界银行提出"三支柱"养老保障体系，第一支柱为"最好能采取一般税收支持"的非缴费型养老金，但当时各国普遍面临养老

① 房连泉：《瑞典名义账户养老金制度改革探析》，《欧洲研究》2008 年第 6 期，第 133 页。
② 姚玲珍编著《德国社会保障制度》，上海人民出版社，2010，第 409～410 页。

金支付压力，因此改革成为大势所趋。在此背景下，各国的"第一支柱"普遍演变为缴费型的公共养老保险制度。进入 21 世纪，多支柱的养老保障体系再次被提出，2005 年，世界银行提出"五支柱"养老保障体系，其中，"零支柱"为财政支持的非缴费型养老金；第一支柱是缴费型养老金，资金来源为个人或企业缴费；第二支柱是强制储蓄型养老金，形式较为灵活，如企业年金、个人储蓄型养老金等；第三支柱是自愿性的养老金，个人可以自主决定是否参加；第四支柱是非正规的保障形式，如家庭成员之间或代与代之间经济的或非经济的援助，包括医疗或住房方面的支持等。在"五支柱"养老保障体系与财政的关系上，零支柱由政府建立，资金来源完全是财政，第一支柱的主要资金来源是缴费，但财政也要承担一定的补贴责任，第二支柱和第三支柱中财政不提供直接补贴，但通常采取税收优惠政策支持这两个支柱，第四支柱中财政不承担责任。这种多支柱模式为财政补贴养老保障提供了相对灵活的调整空间。首先，财政补贴非缴费型养老金体现了财政的公共产品属性；其次，由于多支柱的建立，能够将财政对养老保险制度的补贴控制在一定范围内；最后，由于财政直接补贴的有限性，前两个支柱的替代率水平可能会下降，但由于有第二支柱和第三支柱的存在，可以弥补替代率的不足。这种多支柱模式以及财政补贴模式，一方面可以控制财政补贴的力度，另一方面又保持了养老保险制度的独立性，有利于制度的长期持续发展。

　　通常来讲，养老保障多支柱特征明显的国家，其财政在公共养老金方面的支出相对较少，如表 8-1 所示。如奥地利、西班牙、希腊这些公共养老金一枝独秀的国家，其财政支出的 1/4 被用来补贴养老金制度，在意大利，公共养老金替代率水平达到 68%，相应的财政补贴水平亦是较高。德国公共养老保险的替代率虽然较低（40%），但制度发展历史长，且财政一直承担较大的责任。在瑞典，公共养老金所占比重较大，但通过名义账户制改革，公共养老保险和财政之间的距离拉开，替代率也有所下降（46.7%），财政支出中的养老保险补贴比较低。相反，在私人养老金计划比较发达的国家，如墨西哥、冰岛，其私人养老金待遇占养老金总待遇的比重将近 90%，公共养老金给财政造成的压力较小，不到 10%。在英国，虽然私人养老金发达，但公共养老金支出水平亦是较高，主要是因为第一支柱的国民保险制度的收支被纳入一般财政预算中。丹麦、荷兰和美国的私人养老金待遇占比都超过50%，公共养老金的财政补贴占财政总支出的比重相较于希腊和意大利等国较低。在美国，养老保险预算名义上是纳入财政一般预算之中的，但是在实际运行中，养老保险的收支不纳入一般预算中，通常是独立预算，所以导致公共养老金支出占比相对较高。

表8-1　2007年和2008年前后部分OECD国家私人养老金待遇占养老金总待遇的比重以及公共养老金支出占财政总支出的比重

单位：%

国家	私人养老金待遇占养老金总待遇的比重	公共养老金支出占财政总支出的比重	国家	私人养老金待遇占养老金总待遇的比重	公共养老金支出占财政总支出的比重
奥地利	0	25.3	墨西哥	87.7	7.2
西班牙	0	20.5	英国	82.3	12.0
希腊	0	26.3	丹麦	60.1	10.9
意大利	26.3	29.4	冰岛	88.1	4.5
德国	24.7	24.5	荷兰	61.8	10.4
瑞典	21	14.1	美国	52.2	16.3

资料来源：OECD, Private Pensions Outlook 2008, OECD, 2009, p.121; OECD, Pensions at a Glance 2011, OECD, 2011, p.155.

具体到我国的制度，首先，当前的养老保障支出占财政支出的比重相对较低，这给其他养老保障支柱的发展留出空间。其次，在当前的财政补贴模式下，一方面，财政应当优先保障建立非缴费型养老金制度，形成对全民的最低保障，该制度可以在最大程度上发挥财政的公共产品属性。而城镇职工养老保险中缺乏这一制度，导致财政源源不断地补贴到养老保险中，实际上是补贴了高收入者，而对于低收入者以及由于其他原因不能参保者，则被排除在财政补贴之外，从而不利于发挥财政的收入分配功能。另一方面，通过税收优惠政策，大力发挥市场的作用，推动建立企业年金、职业年金和个人储蓄型养老金，从而分担养老保险制度和财政的保障责任。

第三节　推动养老保险制度综合改革

如前所述，养老保险制度本身的问题导致制度过于依赖财政补贴：基金大规模结余和收不抵支同时存在；待遇和缴费之间的关系薄弱，制度的激励性差；待遇调整较为随意，缺乏科学依据；制度独立性差，收支模糊，缺乏自动平衡机制；养老保险预算的约束力较弱，缺乏预警机制，这些因素导致当前养老保险制度成为有利于财政补贴的模式。本文将就以上因素分析如何调整当前养老保险制度。

一　重视精算因素，优化调待政策

养老保险的精算因素体现在两个方面：个人缴费和待遇之间的精算中性，以及基金收入和支出的精算平衡。也就是说个人缴费和待遇要密切相关，多缴多得，养老保险基金要量入为出，以收定支。这与前面提到的养老保险的保险性质不谋而合。养老保险的精算平衡原则在我国官方文件中也有了体现，十八届三中全会指出：完善个人账户制度，健全多缴多得激励机制，……坚持精算平衡原则。在我国当前养老保险制度中，缴费和待遇之间的关系不清晰，甚至成为收入分配手段，在这种情况下，企业没有缴费的动力，通常以最低费基为缴费工资，导致制度的收入能力低下。在个人账户部分，理论上规定了个人多缴多得的原则，但在实际运行中，由于投资收益低，导致个人缴费越多，收益越低，个人账户的激励性名存实亡。

提高养老保险激励性可以通过以下三个途径：第一，加强个人缴费和待遇之间的精算关系，突出多缴多得的激励机制。第二，优化待遇调整机制。加强调待资金的财政预算管理，将调待资金与养老保险基金适度分离，明确财政对低收入老年人口的补助原则。第三，在整个制度方面，明确财政补贴养老保险的原则，但要保持在适度范围内，从"补出口"转变为"补入口"，在确定财政补贴的基础上，养老保险自身要追求收支平衡，以收定支，强化自身财务平衡能力。

二　适度降低制度缴费率，增强制度收入能力

通过国际比较发现，我国社会保障制度存在缴费率和缴费费基偏高的问题。对比 OECD 国家和我国的养老保险制度，只有四个国家（西班牙、匈牙利、意大利、拉脱维亚）的缴费率高于我国。在缴费费基方面，作为缴费基数的社会平均工资仅统计城镇非私营单位，将部分小微、劳动密集型企业排除在外，实际上是拉高了缴费费基。费率高和缴费费基高的直接后果是部分企业缴费负担重，企业"逃缴""欠缴"现象层出不穷，由此导致养老保险制度遵缴率（实际缴费人数占参保人数的比重）偏低，且近年来呈现不断下滑的趋势，2010～2015 年，我国城镇职工基本养老保险遵缴率从 87.22% 降至 80.93%，在有些省份，如河南、广东、海南，2015 年制度遵缴率均不足 70%[①]。

针对这一问题，仅仅依靠提高遵缴率来增强社保征缴收入是不切实际的，若强制企业在当前缴费水平下缴费，只能适得其反，企业会通过机器换人、减少用工、生产转移等途径规避缴费，因此要将提高遵缴率和降低缴费水平相结合。一方面，切切实实为企业减负，降低养老保险缴费水平，以城镇全体单位平均工资为缴费基数，同时将最低缴费基数由社平工资的 60% 降至 50%，在费率方面，逐步缩小名义缴费率和实际缴费率之间的差别（据计算，2010～2015 年实际缴费率分别为 17.4%、17.4%、17.2%、16.9%、16.4%、16.2%）[②]，从而企业负担得到合理控制。同时，还要提高养老保险征缴效率，提高征收强制性。

此外，提高制度收入能力的途径还包括改善投资管理体制，提高基金投资收益。2017 年，我国养老保险基金投资有了较大的变动，截至 2017 年 6 月底，北京、上海、河南、湖北、广西、云南、陕西和安徽 8 省区市已经与全国社保理事会签订委托投资合同，合同总金额为 4100 亿元，其

---

① 郑秉文主编《中国养老保险发展报告 2016——"第二支柱"年金制度全面深化改革》，经济管理出版社，2016 年 12 月，第 33～35 页。
② 实际缴费率等于名义缴费率乘以遵缴率。

中的 1721.5 亿资金已经到账并开始投资①，其他省份也在积极推动这项工作。无疑，这对于养老保险基金投资来说是好消息，根据全国社保基金理事会 2016 年度报告，社保基金自成立以来，年均投资收益率高达8.37%②，通过以上委托投资，各省份养老保险结余基金亦是能够享受到较高的投资收益，收入能力得以提高。

三 加强制度与经济和人口之间的关系

账户制改革并非我国养老保险当前发展的唯一选择，通过对现收现付制进行参数调整，亦是能够达到相应的效果。德国为我们提供了较好的改革范例，从 1992 年到 2004 年，德国为了应对财务危机进行了一系列改革，主要改革措施包括提高退休年龄，加强待遇与退休年龄之间的关系，退休越晚可领取的养老金越高。调整待遇指数化方式，由总工资指数化变为净工资指数化，使老年人同时承担人口老龄化和经济下滑带来的风险，从而强化代际之间的责任分工。

根据德国的改革，我们至少可以得到以下启示：第一，养老保险待遇调整必须要考虑到人口年龄结构因素。随着人口老龄化程度的不断加深，制度内人口赡养比不断提高，基金支出增加，在这种情况下，通常采取增加缴费或财政补贴的方式予以化解，但这种方式有一定的不合理性，即损害在职人口的收益。从代际公平的角度看，老年人口亦是要承担老龄化带来的风险，或者降低待遇，或者提高退休年龄。不仅如此，德国以净工资变动作为养老金待遇的调整依据也是体现了将养老负担在老年人口和在职人口之间公平分担的原则。第二，养老保险待遇调整必须考虑经济发展状况，经济发展从根本上决定了能够分配给老年人的社会财富。当经济繁荣时，我们可以适当地扩大缴费费基，从而增加养老保险收入，提高养老保险待遇，当经济紧缩时，则应当降低缴费率，让老年人同时承担经济衰退的不利影响。德国以工资变动作为养老金待遇调整依据正是体现了这一

---

① 搜狐网，《首批养老金对接资本市场 8 省区市签署委托投资合同》，http://www.sohu.com/a/195478896_ 534672。

② 资料来源：《全国社会保障基金理事会社保基金年度报告（2016 年度）》，见全国社保理事会网站，http://www.ssf.gov.cn/cwsj/ndbg/201706/t20170612_ 7277.html。

原则。

因此，我国养老保险制度在确定待遇调整政策时要把经济和人口考虑在内。一方面，我们要把制度赡养比的变化加入待遇的确定过程中，随着赡养比的不断提高，老年人口待遇也应该有所降低；另一方面，待遇调整要反映经济发展状况，实现社会财富在老年人口和在职人口之间的合理分配。

四 加强养老保险财务独立性，建立动态平衡机制

面对 20 世纪七八十年代开始出现的养老保险财务危机，世界上多数国家开始进行改革，其中一个重要的方面是强化养老保险的财务独立性，并建立自动平衡机制。如在德国的改革中，适当加入"可持续因子"，当养老金支出增加引起的缴费率上升时，养老保险待遇将有所下降，从而导致支出增加减缓，这实际上是在缴费率和待遇率之间形成制约机制，以期达到制度收入和支出的平衡。瑞典是实践"自动平衡机制"最彻底的国家，根据这一机制，只有当养老金资产和负债之间的比率为 1 时，制度才实现平衡和自我发展。当比率小于 1 时，即存在养老金支付缺口时，制度的记账利率将有所降低，直至资产和负债趋向平衡。

反观我国的养老保险制度，基金收入和基金支出之间不存在直接的联系，且收入不足以弥补未来支出。2015 年我国城镇职工基本养老保险基金累计结余为 3.53 万亿元，个人账户累计记账额为 4.71 万亿元，也就是说，即使将养老保险累计结余全部用来做实个人账户，其中仍有将近 1.2 万亿元的缺口，而且近年来缺口呈现持续上升的趋势，如图 8-2 所示。缺口反映了制度资产和负债之间的不匹配，值得注意的是，这里的缺口仅是制度全部累计结余与个人账户记账额之间的差额，再将社会统筹预期支付的养老金计算在内，缺口将更大。在如何弥补缺口的问题上，我国并没有明确的方案，从当前的经验看，财政补贴是立竿见影的做法，但很明显，这种做法会给财政造成不可预期的压力。

"凡事预则立不预则废"，瑞典在进行改革时，其养老保险财务依然比较稳定，在对未来预测的基础上，瑞典进行了改革，将风险控制在可控范围内；反观希腊，在出现债务危机时，不得已对其养老保险制度被动改

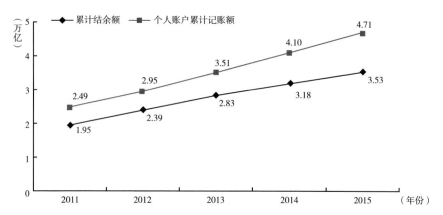

图 8-2　2011~2015 年城镇职工基本养老保险累计结余额和个人账户累计记账额

资料来源：郑秉文主编《中国养老金发展报告 2016》，经济管理出版社，2016，第 88 页。

革，遭到人民的抵触，举步维艰。面对以上两个相反的例子，我们应当借鉴瑞典主动改革的经验，同时吸取希腊被动改革的教训，提前将改革提到日程上来。我们至少应当对未来的收入和支出有一定的预期，以收定支，建立自动平衡机制和基金预警机制，首先要制定弥补缺口的可行方案，在此基础上，当制度收入大于支出时，可适当提高待遇率，当制度收入小于支出时，可适当降低待遇率，从而在最大程度上促进养老保险制度的长期持续发展。

第四节　小结

反思我国基本养老保险制度与财政之间的关系，首先，财政并未理性地承担起养老保险转型责任，是为财政的历史责任，同时，财政支出中并没有对当前养老保险制度正常补贴的方案，是为财政的现实责任，由于混淆了历史责任和现实责任，导致财政背负了对养老保险的"兜底"责任。其次，财政补贴方式过于被动，养老保险的支出决定财政补贴，而不是在确定财政补贴的基础上决定养老保险的支出。再次，当前养老保险制度的特点和运行模式使得制度有助于财政补贴的扩大。最后，养老保险制度"一支独大"，财政补贴过于集中在保险制度中，不利于其他养老保障支柱的建立，反过来，由于缺乏其他养老保障制度，养老保险制度面临的保障压力过于沉重，进而要求更多的财政投入，形成恶性循环。

　　之所以存在上述问题，一方面是对财政的公共属性以及养老保险的保险属性的认识存在误区，另一方面则是当前养老保险制度的发展使然。针对以上问题，本文有针对性地提出应对的解决办法，如正确区分财政对养老保险所负的历史债务和现实补贴，在此基础上，建立新的财政补贴养老保险模式；对养老保险制度进行综合改革，从而建立养老保险制度自身的独立性；构建多支柱养老保障体系，形成养老保障体系与财政之间的良性循环，等等。

参考文献

中文文献

1. 北京大学中国经济研究中心宏观组：《中国社会养老保险制度的选择：激励与增长》，《金融研究》2000 年第 5 期。

2. 曹清华：《城镇职工基本养老保险政府财政责任的优化》，《河南大学学报·社会科学版》2018 年第 58 卷第 1 期。

3. 曹信邦、刘晴晴：《农村社会养老保险的政府财政支持能力分析》《中国人口·资源与环境》2011 年第 21 卷第 10 期。

4. 曹益、任超然、汤学良：《延长退休年龄能降低个人账户养老金的财政补助吗?》，《数量经济技术经济研究》2013 年第 12 期。

5. 曹园：《机关事业单位养老保险新政对财政支出影响的精算分析》《保险研究》2015 年第 12 期。

6. 曹园：《延迟退休、计发月数与养老金个人账户财政负担》，《江西财经大学学报》2017 年第 3 期。

7. 陈澄：《从名义账户制谈养老金制度的财务平衡机制及其可复制性》，《经济师》2011 年第 2 期。

8. 陈良焜、孙来祥：《人口老龄化与我国退休制度的研讨》，《北京社会科学》1987 年第 4 期。

9. 楚廷勇、刘儒婷：《政府对养老金支付的责任研究》，《东北财经大学学报》2012 年第 5 期。

10. 邓大松：《社会保险（第二版）》，中国劳动社会保障出版社，2009。

11. 邓大松、余思琦、刘桐：《全国统筹背景下城镇职工基础养老金财政负担分析》，《社会保障研究》2018年第2期。

12. 丁建定：《20世纪英国养老金制度的历史演进》，《南都学坛》（人文社会科学学刊）2002年3月第22卷第2期。

13. 丁建定：《从济贫到社会保险：英国现代社会保障制度的建立：1870-1914》，博士学位论文，1999。

14. 丁建定、张登利：《新型农村社会养老保险国家财政责任的优化》，《江汉论坛》2014年第6期。

15. 丁建弘：《德国通史》，上海社会科学院出版社，2002。

16. 董黎明：《机关事业单位养老保险机制创新——基于"转型名义账户制"思路的制度设计》，《当代经济管理》2009年第5期。

17. 房连泉：《瑞典名义账户养老金制度改革探析》，《欧洲研究》2008年第6期。

18. 封进：《中国养老保险体系改革的福利经济学分析》，《经济研究》2004年第2期。

19. 冯建威：《学习社会保障理论，推进社会保障体系逐步完善》，《中国劳动关系学院学报》1991年第3期。

20. 冯庆春：《基于公共财政视角基础的养老金全国统筹研究》，《财政监督》2014年第19期。

21. 高铁生、宋曙光、汤晓青：《德国社会保险发展的历史、现状及对我国的借鉴——国家计委中德宏观经济研讨班赴德考察报告》，《经济研究参考》1992年第1期。

22. 耿树艳：《辽宁：做实个人账户成效明显》，《中国劳动保障》2005年第5期。

23. 宫晓霞：《财政支持城乡居民养老保险制度：面临的风险及应对策略》，《经济社会体制比较》2018年第1期。

24. 宫晓霞、崔华泰、王洋：《财政支持农村社会养老保险制度可持续发展》，《经济社会体制比较》2015年第2期。

25. 关博：《做实养老保险个人账户可持续吗——基于黑龙江省的典型调研》，《宏观经济研究》2015年第2期。

26. 郭林、丁建定：《中国企业职工基本养老保险名义账户制度研究》，《保险研究》2001 年第 8 期。

27. 郭吴新等：《世界经济（第二册）》，高等教育出版社，1989。

28. 海龙、赵建国：《新型农村社会养老保险财政补贴机制评析与优化》，《现代经济探讨》2013 年第 12 期。

29. 何平：《国有企业改革中的社会保险》，经济科学出版社，1997。

30. 贺晓林：《养老保障：中国面临的严峻课题》，《瞭望周刊》1991 年第 15 期。

31. 华文：《关于我国职工养老保险制度改革问题——美国社会保险制度考察后的思考》，《中国劳动》1987 年第 12 期。

32. 黄晗：《城镇企业职工养老保险制度政府财政责任模式转变及成因》，《江西财经大学学报》2016 年第 5 期。

33. 霍布豪斯：《帝国主义》，上海人民出版社，1960。

34. 吉淑英、王爱东：《社会保障体系、政府、公共财政支出之理论关系探析》，《山西财政税务专科学校学报》2007 年第 6 期。

35. 贾海彦、韩璩：《公共财政于养老金制度的共生风险——一个防范框架》，《区域经济》2013 年第 10 期。

36. 贾康、王瑞、杨良初：《调整财政支出结构是减少养老保险隐性债务的重要途径》，《财政研究》2000 年第 6 期。

37. 江正发：《城镇职工基本养老保险制度中财政责任的定量研究——基于制度承诺和精算平衡的视角》，《广东社会科学》2019 年第 2 期。

38. 蒋筱江：《论社会保障与公共财政的关系》，《中国物价》2008 年第 4 期。

39. 蒋琰：《名义账户制与做实个人账户对中国适应性的比较分析》，《现代经济信息》2009 年第 24 期。

40. 蒋云赟：《我国新型农村养老保险对财政体系可持续性的影响研究——基于代际核算方法的模拟分析》，《财经研究》2011 年第 37 卷第 12 期。

41. 景鹏、陈明俊、胡秋明：《城乡居民基本养老保险的适度待遇与财政负担》，《财政研究》2018 年第 10 期。

42. 景鹏、陈明俊、杨思琦：《降低养老保险缴费率一定会加重财政养老负担吗?》,《财贸研究》2020 年第 1 期。

43. 景鹏、朱文佩:《财政补贴能否破解养老保险降费的"不可能三角"》,《财经科学》2021 年第 8 期。

44. 劳动和社会保障部社会保险研究所译:《贝弗里奇报告——社会保险和相关服务》,中国劳动社会保障出版社,2004。

45. 劳动和社会保障部社会保险研究所、中国太平洋人寿保险股份有限公司:《中国企业年金财税政策与运行》,中国劳动社会保障出版社,2003。

46. 克拉潘著,姚曾廙译:《现代英国经济史(下卷)》,商务印书馆,2009。

47. 雷根强、苏晓春:《财政利益分歧与中国养老保险制度变迁》,《当代财经》2008 年第 7 期。

48. 李长远、杨建飞:《论政府在农村社会养老保险制度中的财政责任》,《华中农业大学学报(社会科学版)》2008 年第 5 期。

49. 李成:《NDC(名义账户制)模式——完善我国养老保险改革的一种新思路》,《经济特区》2007 年第 2 期。

50. 李菁:《名义账户制下与金融市场相融合的养老保险自动财务稳定机制》,《山东财政学院学报(双月刊)》2010 年第 5 期。

51. 李琼、姚文龙:《公共财政支持西部新型农村养老保险制度可持续性研究》,《甘肃社会科学》2013 年第 2 期。

52. 李绍光:《养老金制度与资本市场》,中国发展出版社,1998。

53. 李伟:《新型农村社会养老保险财政补贴存在的问题及对策探讨》,《农村经济》2011 年第 9 期。

54. 李文德:《新中国的劳动保险事业》,《劳动》1959 年第 19 期。

55. 李晓芬、罗守贵:《全面二孩政策下上海城镇职工养老金财政压力测算及对策研究》,《财政研究》2018 年第 8 期。

56. 李珍:《论建立基本养老保险个人账户基金市场化运营管理制度》,《中国软科学》2007 年第 5 期。

57. 李珍:《社会保障理论(第二版)》,中国劳动社会保障出版社,2007。

58. 李珍、周艺梦：《社会养老保障制度的"瑞典模式"——瑞典名义账户制度解决了什么?》，《经济学动态》2010 年第 8 期。

59. 梁博斯基：《外国经济史—资本主义时代》，生活·读书·新知三联书店，1963。

60. 林宝：《人口老龄化与养老金模式关系辨析》，《人口与发展》2010 年第 6 期。

61. 林山：《市场经济体制下社会保障与财政关系的再认识》，《财经问题研究》1998 年第 9 期。

62. 刘德浩、庞夏兰：《养老保险制度内生激励机制与个人退休决策——理论与实证分析》，《人口与经济》2015 年第 6 期。

63. 刘昌平、刘威：《城乡居民基本养老保险财政补贴模式优化研究》，《上海经济研究》2019 年第 10 期。

64. 刘海英、梅琳：《公共财政视角下农村社会养老保险制度变迁研究》，《社会保障研究》2015 年第 6 期。

65. 刘雅静、赵敬：《日本公共养老金财政精算制度的变迁及启示》，《南通大学学报·社会科学版》2019 年第 35 卷第 6 期。

66. 刘万：《农村社会养老保险的财政可行性研究》，《当代财经》2007 年第 12 期。

67. 刘学良：《中国养老保险的收支缺口和可持续性研究》，《中国工业经济》2014 年第 9 期。

68. 刘志峰：《深化社会保障体制改革前景光明》，《人民论坛》1995 年第 6 期。

69. 刘志国、姜浩：《社会保障财政责任的界定》，《北方经贸》2006 年第 2 期。

70. 龙朝阳、申曙光：《中国城镇养老保险制度改革方向——基金积累制抑或名义账户制》，《学术月刊》2011 年 6 月第 43 卷。

71. 楼继伟：《新中国 50 年财政统计》，经济科学出版社，2000。

72. 陆月娟：《试论"撒切尔革命"对英国社会保障制度的影响及对中国的启示》，《上海金融学院学报》2010 年第 2 期。

73. 〔美〕罗伯特·霍尔茨曼、爱德华·帕尔默主编，郑秉文等译：《名义账户制的理论与实践——社会保障改革新思想》，中国劳动社会保障出版社，2009。

74. 马威克：《1945 年以来的英国社会》，商务印书馆，1992。

75. 马向荣：《简析社会保障与国家财政的关系》，《四川财政》1999 年第 7 期。

76. 蒙蒙、张伊丽：《基于人口老龄化背景下日本公共养老金的财政分析》《财政研究》2013 年第 2 期。

77. 孟庆平、雍晋玮、秦健丽：《老龄化和新常态背景下山东省养老保险财政压力问题研究》，《经济与管理评论》2019 年第 2 期。

78. 闵凡祥：《18-19 世纪英国"友谊会"运动述论》，《史学月刊》2006 年第 8 期。

79. 牛黎帆：《瑞典养老保障制度对中国的启示——名义账户制对养老保险个账做实的借鉴意义》，《劳动保障世界》2009 年第 7 期。

80. 庞凤喜、贺鹏皓、张念明：《基础养老金全国统筹资金安排与财政负担分析》，《财政研究》2016 年第 10 期。

81. 彭布尔等：《统筹与积累相结合模式的发展——略谈自贡市城镇集体所有制职工养老保障新办法》，《西南金融》1991 年第 7 期。

82. 彭浩然：《基本养老保险制度对个人退休行为的激励程度研究》，《统计研究》2012 年第 9 期。

83. 邵挺：《养老保险体系从现收现付制向基金制转变的时机到了吗？——基于地方财政能力差异的视角》，《财贸经济》2010 年第 11 期。

84. 申曙光：《论国家财政的社会保险职责》，《财经问题研究》1999 年第 7 期。

85. 石晨曦：《城乡居民基本养老保险隐性财政负担——基于长寿风险背景下的精算分析》，《兰州学刊》2018 年第 12 期。

86. 宋晓梧：《养老金隐性债务规模首次精算出结果》，《中国社会保障》2000 年第 5 期。

87. 孙炳辉：《德国史纲》，上海华东师范大学出版社，1995。

88. 孙立娟、张鑫、任孝智：《日本公共养老金财政精算制度的演进与经验借鉴》，《安徽师范大学学报》（人文社会科学版）2021 年第 49 卷第 6 期。

89. 孙祁祥：《空账和转型成本——中国养老保险改革的效应分析》，《经济研究》2001 年第 5 期。

90. 孙守纪：《希腊主权债务危机背景下的社保改革》，《中国地质大学学报》（社会科学版）2012 年 5 月第 12 卷第 3 期。

91. 世界银行：《防止老龄危机：保护老年人及促进增长的政策》，中国财政经济出版社，1997。

92. 世界银行：《老年保障——中国的养老金体制改革》，中国财政经济出版社，1998。

93. 苏春红：《中国养老保险筹资模式选择的经济学分析》，《山东大学学报》2006 年第 3 期。

94. 汤兆云：《农村居民养老保险制度良性运行中的政府财政责任》，《西北人口》2015 年第 6 期。

95. 汪杨：《社会养老保险名义账户在我国的使用性研究》，《西部财会》2010 年第 5 期。

96. 王凯涛、顾志明：《智利养老金制度的改革与启示》，《武汉科技大学学报》（社会科学版）2000 年第 2 卷第 4 期。

97. 王翠琴、李林、薛惠元：《中国基本养老保险最优财政支出规模测算——基于柯布道格拉斯生产函数的一项研究》，《贵州财经大学学报》2018 年第 6 期。

98. 王刚、张孟文：《我国城乡社会养老保险均等化改革中的财政转移支付问题》，《福州大学学报》（哲学社会科学版）2012 年第 3 期。

99. 王敏：《城乡居民基本养老保险财政补贴政策研究》，《中央财经大学学报》2017 年第 12 期。

100. 王润泉、鲁於、刘玉萍：《财政分权如何加剧了养老保险基金失衡——基于收支二维视角的分析》，《保险研究》2021 年第 2 期。

101. 王雯：《城乡居民基本养老保险财政补贴机制研究》，《社会保障研究》2017 年第 5 期。

102. 王晓洁、王丽：《财政分权、城镇化与城乡居民养老保险全覆盖——基于中国 2009-2012 年省级面板数据的分析》，《财贸经济》2015 年第 11 期。

103. 王晓洁、张晋武：《财政保障新型农村养老保险制度实施策略分析——以"全覆盖"目标为视角》，《河北经贸大学学报》2012 年第 22 卷第 6 期。

104. 王晓军：《对我国养老金制度债务水平的估计与预测》，《预测》2002 年第 1 期。

105. 王燕、徐滇庆、王直、翟凡：《中国养老金隐性债务、转轨成本、改革方式及其影响——可计算一般均衡分析》，《经济研究》2001 年第 5 期。

106. 文敏、李磊、李连友、刘中海：《农村居民养老保险财政补贴与收入再分配效应测算》，《统计与决策》2019 年第 8 期。

107. 文太林、胡尹燕：《中国养老保险的财政困境及政策选择》，《理论与现代化》2016 年第 6 期。

108. 翁仁木：《我国企业基本养老保险不宜采用名义账户制的原因分析》，《就业保障》2010 年 8 月号，总第 149 期。

109. 魏立：《公共财政清偿养老保险隐性债务的必要性与可行性分析》，《湖北社会科学》2010 年第 4 期。

110. 吴万宗、邓智宇、曾益、张心洁：《养老保险全国统筹的新阶段：全国统筹调剂制度能降低财政负担吗?》，《上海财经大学学报》2022 年第 24 卷第 6 期。

111. 徐聪：《德国公共养老保险体制改革的经济学分析》，复旦大学博士学位论文，2008。

112. 薛惠元：《新型农村社会养老保险财政保障能力可持续性评估——基于政策仿真学的视角》，《中国软科学》2012 年第 5 期。

113. 严忠勤：《当代中国的职工工资福利和社会保险》，中国社会科学出版社，1987。

114. 阳义南、才国伟：《推迟退休年龄和延迟领取基本养老金年龄可行吗?——来自广东省在职职工预期退休年龄的经验证据》，《财贸经济》2012 年第 10 期。

115. 杨斌、丁建定：《"五维"框架下中国养老保险制度政府财政责任机制改革的环境分析》，《社会保障研究》2015 年第 1 期。

116. 杨斌、丁建定:《中国养老保险制度政府财政责任:差异及改革》,《中央财经大学学报》2015 年第 2 期。

117. 杨斌、丁建定:《经济增长视角下城乡居民基本养老保险地方财政责任评估》,《江西财经大学学报》2016 年第 3 期。

118. 杨斌、丁建定:《发达国家养老保险制度中财政责任的基本经验及启示》,《经济纵横》2019 年第 10 期。

119. 杨斌、谢勇才:《从非制度化到制度化:基本养老保险制度财政责任改革的思考》,《西安财经学院学报》2015 年第 28 卷第 3 期。

120. 杨继明:《我国老年社会保险制度的历史沿革和改革方向》,《社会学研究》1987 年第 1 期。

121. 杨立雄:《对社会保障私有化存在的几个误区》,《中国人口科学》2005 年第 4 期。

122. 杨燕绥、曹峰:《社会保障公共服务体系建设解析》,《行政管理改革》2010 年第 7 期。

123. 杨再贵、许鼎:《"十四五"规划新政与城乡居民基本养老保险财政负担》,《华中师范大学学报》(人文社会科学版),2022 年第 61 卷第 6 期。

124. 杨再贵、石晨曦:《中国城镇企业职工统筹账户养老金的财政负担》《经济科学》2016 年第 2 期。

125. 姚金海:《人口老龄化、养老金收支缺口与财政风险的传导与化解——以 A 市为例的一项实证研究》,《管理评论》2016 年第 28 卷第 4 期。

126. 姚玲珍:《德国社会保障制度》,上海人民出版社,2010。

127. 叶璐、薛惠元:《企业职工基本养老保险待遇调整的公平性探讨》,《当代经济管理》2013 年第 5 期。

128. 殷宝明:《新型农村社会养老保险财政补贴机制优化研究》,《社会保障研究》2013 年第 4 期。

129. 余永定:《欧洲主权债务危机的其实及中国面临的挑战》,《金融发展评论》2010 年第 6 期。

130. 袁志刚:《中国养老保险体系选择的经济学分析》,《经济研究》2001 年第 5 期。

131. 袁志刚、葛劲峰：《由现收现付制向基金积累制转轨的经济学分析》，《复旦大学学报》2003 年第 4 期。

132. 袁志刚、宋铮：《人口年龄结构、养老保险制度与最优储蓄率》，《经济研究》2000 年第 11 期。

133. 曾瑾：《基本养老保险社会统筹模式探讨——基于可转移的名义账户制设计》，《中国社会保障》2010 年第 11 期。

134. 曾毅：《中国人口老龄化、退休金缺口与农村养老保障》，《经济学》2005 年第 4 期。

135. 曾益、张冉、李姝：《渐进式延迟退休年龄："小步前行"抑或"大步迈进"？——基于养老保险基金可持续性与财政责任的视角》，《财政研究》2021 年第 4 期。

136. 曾益、陆颖：《养老保险基金财政压力的化解路径研究——基于余缺调剂的全国统筹制度实施背景》，《财政研究》2023 年第 1 期。

137. 曾益、姚金、毛恩荣：《提高基本养老保险参保率对财政责任的影响：从制度全覆盖走向法定人群全覆盖》，《财政研究》2022 年第 2 期。

138. 曾益、姚金：《养老保险全国统筹、地方政府保费征缴行为与财政责任》，《经济理论与经济管理》2022 年第 12 期。

139. 曾益、刘凌晨、高健：《我国城镇职工基本养老保险缴费率的下调空间及其财政效应研究》，《财经研究》2018 年第 44 卷第 12 期。

140. 张光耀：《对老年社会保险制度改革思路分歧的看法》，《南方人口》1990 年第 4 期。

141. 张洪涛、郑功成：《保险学》，中国人民大学出版社，2008。

142. 张翎：《积弊希腊》，《新世纪周刊》2010 年 6 月 14 日。

143. 张念：《社会保险分析与政府职能定位》，博士学位论文，1999。

144. 张心洁、曾益、石晨曦、刘彤彤：《可持续视角下城镇职工基本养老保险的财政兜底责任评估——对"全面二孩"和延迟退休政策效应的再考察》，《财政研究》2018 年第 12 期。

145. 赵斌、原浩爽：《我国基础养老金财务平衡与可持续性分析——基于财政合理支付视角》，《财经科学》2013 年第 7 期。

146. 赵耀辉、徐建国：《我国城镇养老保险体制改革中的激励机制问题》，

《经济学》（季刊）2001 年第 1 期。

147. 郑秉文等译：《养老金世界变化中的名义账户制》，中国劳动社会保障出版社，2017。

148. 郑秉文：《法国'碎片化'社保制度的起源与危害：历史传统·民族特征·路径依赖——2007 年 11 月法国大罢工感慨与沉思》，《保险与社会保障》2008 年第 3 期。

149. 郑秉文：《'名义账户'制：我国养老保障制度的一个理性选择》，《管理世界》（月刊）2003 年第 8 期。

150. 郑秉文：《欧亚六国社会保障"名义账户"制利弊分析及其对中国的启示》，《世界经济与政治》2003 年第 5 期。

151. 郑秉文：《欧盟国家社会养老的制度选择及其前景——兼论"名义账户"制对欧盟的适用性》，《欧洲研究》2003 年第 2 期。

152. 郑秉文：《普雷斯科特的社会保障理论》，《中国社会保障》2005 年第 2 期。

153. 郑秉文：《养老保险"名义账户"制的制度渊源与理论基础》，《经济研究》2003 年第 4 期。

154. 郑秉文、房连泉：《蒙古社会保障"名义账户"制改革研究》，《当代亚太》2005 年第 6 期。

155. 郑秉文、郭倩：《拉脱维亚"名义账户制"运行 10 年政策评估——兼评三支柱体系的架构设计》，《俄罗斯中亚东欧研究》2006 年第 5 期。

156. 郑秉文、胡云超：《吉尔吉斯斯坦社会保障"名义账户制"运行 10 年经验与教训》，《俄罗斯中亚东欧研究》2008 年第 5 期。

157. 郑秉文、陆渝梅：《名义账户制：波兰社会保障改革的有益尝试》，《俄罗斯中亚东欧研究》2005 年第 3 期。

158. 郑秉文、宋坤：《意大利九十年代以来养老金三个支柱改革进程——兼论"名义账户"的前途》，《欧洲研究》2005 年第 6 期。

159. 郑秉文主编《中国养老金发展报告》（2011~2020），经济管理出版社。

160. 郑功成：《社会保障学——理念、制度、实践与思辨》，商务印书馆，2000。

161. 郑海航：《国有企业亏损研究》，经济管理出版社，1998。

162. 郑海涛、顾东芳、蒋云赟、任若恩：《中国公共养老金体系的隐性负债及其财政承受能力研究》，《现代经济探讨》2018 年第 3 期。

163. 郑伟、袁新钊：《名义账户制与中国养老保险改革：路径选择和挑战》，《社会经济体制比较》2010 年第 2 期。

164. 中共中央马克思恩格斯列宁斯大林著作编译局，《马克思恩格斯选集（第 3 卷）》，人民出版社，1995。

165. 周传业、杨团：《对社会保障制度改革的几点思考》，《管理世界》1991 年第 4 期。

166. 周凤珍：《不同群体社会养老保险财政待遇差距的测算与分析》，《经济体制改革》2016 年第 1 期。

167. 周志凯、徐子唯、林梦芸：《论城乡居民基本养老保险制度中的财政责任》，《财政研究》2015 年第 1 期。

168. 朱青：《当前养老保险筹资模式不宜转向基金模式》，《经济理论与经济管理》2001 年第 12 期。

169. 朱新月等：《改革职工退休养老保险制度的思考》，《中国农垦》1991 年第 5 期。

英文文献

1. Aaron Henry J. , "The Social Insurance Paradox", *Canadian Journal of Economics*, Vol. 32, 1966.

2. Alber J. , "Germany", in "Growth to Limits: The Western European Welfare States since World War "II. Vol. 4. Appendix (Synopses, Bibliographies, Tables). P. Flora. Berlin: Walter de Gruyter, 1987.

3. Agnieszka Chlon, Marek Góra, Michal Rutkowski, "Shaping Pension Reform in Poland: Security through Diversity", Social Protection Discussion Paper No. 9923, August, 1999.

4. Agar Brugiavini, "Social Security and Retirement in Italy", NBER working papers, 1997.

5. Agulnik, P. , "Pension Tax Reform and the Green Paper", Casepaper 24, LSE, 1999.

6. A. H. Halsey, "British Social Trends since 1900 ", Houndmills: MacMillan, 1988.

7. A. Javier Hamann, "The Reform of the Pension System in Italy", IMF Working Paper, 1997.

8. Alber J. , "Germany", in "Growth to Limits: The Western European Welfare States since World War "II. *Vol.* 4. Appendix (Synopses, Bibliographies, Tables) . P. Flora. Berlin: Walter de Gruyter, 1987.

9. Alfred C. Mierzejewski, "Social Security Reform the German Way: The West German Pension Reform of 1957", Journal of The Historical Society, Vol. 6, Issue 3, Sep. , 2006.

10. Alfred Plummer, "Some Aspects of the History and Theory of Social Insurance", Economica, No. 20, 1927.

11. Anderson, K, "Pension Politics in Three Small States: Denmark, Sweden and the Netherlands", Canadian Journal of Sociology, Vol. 29, 2004.

12. APRA, "Celebrating 10 years of superannuation data collection 1996 - 2006", Insight, Issue 2, 2007.

13. Arthur S. Flemming, "Social Insurance. A Prospective View", The Journal of Insurance, Vol. 27, No. 1, 1960.

14. Augus Maddison, "The World Economy in the 20th Century ", OECD, 1989.

15. Australian Taxation Office, "Super Co-Contributions Annual Report", 1 July 2006- 30 June 2007.

16. Axel Börsch-Supan, "A Model under Siege: A Case Study of the German Retirement Insurance System", The Economic Journal, Vol. 110, No. 461, Features (Feb. , 2000) .

17. Axel Börsch-Supan, "From Traditional DB to Notional DC systems: the Pension Reform Process in Sweden, Italy and Germany", Journal of the European Economic Association, April - May, 2005.

18. Axel Börsch‐Supan, Christina B. Wike, "The German Public Pension System: How It Was and How It Will Be", http: //www. nber. org/ papers/w10525.

19. Axel Börsch‐Supan, Reinhold Schnabel, "Social Security and Declining Labor‐Force Participation in Germany", The American Economic Review, Vol. 88, No. 2, Papers and Proceedings of the Hundred and Tenth Annual Meeting of the American Economic Association, May, 1998.

20. Baldwin, Peter, "The Politics of Social Solidarity—Class Bases of the European Welfare State 1875 – 1975", Cambridge, New York, Port Chester, Melbourne, Sydney, 1990.

21. Barbara Nachtrieb Armstrong, "The Nature and Purpose of Social Insurance", Annals of the American Academy of Political and Social Science, Vol. 170, Social Insurance, 1933.

22. Barro Robert J., "Are Government Bonds Net Wealth?" The Journal of Political Economy, Vol. 82, Issue 6, 1974.

23. Barro Robert J., "The Impact of Social Security on Private Saving: Evidence from U. S. Time Series", American Enterprise Institute, Washington, 1978.

24. Barr Nicholas, "Reforming Pensions: Myths, Truths, and Policy Choices", Working Paper, International Monetary Fund, 2000.

25. Barr Nichloas, Peter Diamond, "Pension Reform: a Short Guide", Oxford University Press, Inc. , 2010.

26. Bei Lu, Olivia S. Mitchell, John Piggott, "Notional defined contribution pensions with public reserve funds in ageing economies: An application to Japan", International Social Security Review, Vol. 61, 2008. 4.

27. Berg L., "Consumption and Saving—A Study of Household Behavior", Uppsala University, Uppsala, 1982.

28. Boeri, T. , A. Börsch‐Supan, G. Tabellini, "Would you like to Shrink the Welfare State? The Opinions of European Citizens", American Economic Review 92, 2002.

29. Branco Marta de Castell, "Pension Reform in Baltics, Russia, and Other Countries of the Former Soviet Union", Washingto DC, International Monetary Fund Working Paper, 1998.

30. C. A. Kulp, "Statistics in Social Insurance", Journal of the American Statistical Association, Vol. 30, No. 189, Supplement: Proceedings of the American Statistical Association, Mar. 1935.

31. Carlos Vidal – Meli'a, Inmaculada Dom'ınguez – Fabi'an, Jos'e Enrique Devesa – Carpio, "Subjective Economic Risk to Beneficiaries in Notional Defined Contribution Accounts", The Journal of Risk and Insurance, 2006, Vol. 73, No. 3.

32. Charles Richmond Henderson, "The Logic of Social Insurance", Annals of the American Academy of Political and Social Science, Vol. 33, No. 2, Laborand Wages, Mar. 1909.

33. Commission on Insurance Terminology of the American Risk and Insurance Association, "Bulletin of the Commission on Insurance Terminology of the American Risk and Insurance Association", Pennsylvania: ARIA, 1965.

34. Corsetti, G. , K. Schmidt–Hebbel, "Pension Reform and Growth", in: S. Valdes–Prieto, eds. , The Economics of Pensions: Principles, Policies, and International Experience, Cambridge University Press, 1997.

35. Daniele Franco, "Italy: A Never – Ending Pension Reform", in Martin Feldstein and Horst Siebert, eds. , "Social Security Pension Reform in Europe", University of Chicago Press, http://www. nber. org/books/feld02-2, 2002.

36. Daniele Franco, Nicola Sartor, "Notional Defined Contribution in Italy: Unsatisfactory Present, Uncertain Future", Paper prepared for the Conference on NDC Pensions – Stockholm 28-30 Sep. 2003.

37. David Black, "Pension Scheme and Pension Fund in the United Kingdom", Oxford, 1995.

38. David M. Cutler, Richard Johnson, "The Birth and Growth of the Social Insurance State: Explaining Old Age and Medical Insurance across

Countries", Public Choice, Vol. 120, No. 1/2, 2004.

39. Diamond A. Peter, "Individual Retirement and Saving Behavior", Journal of Public Economics, Vol. 23, No. 1/2, 1984.

40. Diamond A. Peter, "Macroeconomic Aspects of Social Security Reform", Brookings Papers on Economic Activity, Vol. 1997, No. 2, 1997.

41. Doreen Collins, "The Introduction of Old Age Pensions in Great Britain", The Historical Journal, Vol. Ⅲ, No. 2, 1965.

42. DSS, "The Changing Welfare State", Social Security Paper No. 2, HMSO, 2000.

43. Edward Palmer, "Exit from the labor force for older workers: Can the NDC pension system help?", The Geneva papers on risk and insurance 24 (4). Geneva: Blackwell Publishers, 1999b.

44. Edward Palmer, "Swedish Pension Reform: How Did It Evolve, and What Does It Mean for the Future?", in: Martin Feldstein and Horst Siebert, eds., *Social Security Pension Reform in Europe*, NBER, University of Chicago Press, 2002.

45. Edward Palmer, "The Swedish Pension Reform Model: Framework and Issues", http://www.oecd.org/dataoecd/63/51/2638200.pdf, PM 16: 49, Nov. 2011.

46. Edward R. Whitehouse, "Decomposing Notional Defined - Contribution Pensions—Experience of OECD Countries' Reforms", OECD Social, Employment and Migration Working Papers No. 109, 2010.

47. Emanuel Emil Coman, "Notionally Defined Contributions or Private Accounts in Eastern Europe : A Reconsideration of a Consecrated Argument on Pension Reform", Comparative Political Studies published online 13, April, 2011.

48. Eric Hopkins, "A Social History of the English Working Class, 1815 - 1945", Amold, 1984.

49. Estelle James, "Social Security Reform Around the World: Lessons from Other Countries", http://www.ncpa.org/pub/st253? pg = 11, PM15:

57, Sep. 2, 2011.

50. European Commission, "The 2009 Ageing Report: Economic and Budgetary Projections for the EU-27 Member States (2008-2060)", 2009.

51. Eveline M. Burns, "Social Insurance in Evolution", The American Economic Review, Vol. 34, No. 1, Part 2, Supplement, Papers and Proceedings of the Fifty-sixth Annual Meeting of the American Economic Association, 1944.

52. Feldstein Maitin, "Social Security, Induced Retirement, and Aggregate Capital Accumulation", Journal of Political Economy, Vol. 82, No. 5, Sep. – Oct. , 1974.

53. Feldstein Martin, "The Missing Piece in Policy Analysis: Social Security Reform", Economic Review, American Economic Association, 1996.

54. Franco, D. , "The expansion of public spending in Italy", Bologna: Il Mulino, 1993.

55. Franco D. , G. Morcaldo, "The origins, functions and planned reform of some features of the Italian pension system", in Ministry of Labor and Social Security eds. , *Social security and its financing*, Rome: Istituto Poligrafico e Zecca dello Stato, 1989.

56. Friedrich Breyer, Comment on S. Valde's-Prieto, "The Financial Stability of Notional Account Pensions", Scand. J. of Economics 106 (2), 385 – 387, 2004.

57. Faruqee, H. and A. M. Husain, "Determinants of Private Saving in Southeast Asia: A Cross – Country Analysis", *manuscript*, Southeast Asia and Pacific Department, International Monetary Fund, Washington, 1994.

58. Gendel Murray, "Trends in the retirement age in four countries, 1965 – 1995", Monthly Labor Review 121 (8), 1998.

59. George F. Rohrlich, "The Place of Social Insurance in the Pursuit of the General Welfare", The Journal of Risk and Insurance, Vol. 36, No. 4, 1969.

60. Goul Andersen, "From people's pension to an equality-oriented multi-pillar

system: The silent revolution of the Danish pension system", Centre for Comparative Welfare Studies, Paper prepared for NOPSA Conference, Aug. 2008.

61. Gregory White, "10 Facts About The Greek Pension System Destroying Any Hope of a Bailout", http: //www. businessinsider. com/greece – germany – pensions-2010-4? op = 1, AM 11: 15, Oct. 2012.

62. Gustafsson Bjorn, Edward Palmer, "Changes in Swedish inequality: A study of equivalent income 1975 – 1991", In P. Gottschalk, B. Gustafsson and E. Palmer, eds. , "*Changing patterns in the distribution of economic welfare*", Cambridge: Cambridge University Press, 1997.

63. Hazel Bateman, "Australia's 'lost' superannuation (retirement saving) accounts", presentation at the 2008 General Assembly of the Japan Pension Research Council (JPRC), Friday 5th September 2008.

64. Heikki Niemela, Kari Salminen, Social Security in Finland, Finnish Centre for Pensions, Helsinki, 2006.

65. House of Lords, "Welfare Reform and Pensions Bill: Explanatory Notes", session 1998-99, HL Bill 62-EN, 1999.

66. IMF, "Should Public Pension be Funded?" IMF Working Papers, March, 1998.

67. IMF, "Greece: Selected Issue—An Overview of Pension Reform", IMF Country Report No. 02/58, March 2002.

68. Jantti Markus, Olli Kangas, Matti Ritakallio, "From marginalism to institutionalism: distributional consequences of the transformation of the Finnish pension regime", Review of Income and Wealth. Series42, No. 4, Dec. 1996.

69. Jochen Clasen, "Social Insurance and the Contributory Principle: A Paradox in Contemporary British Social Policy", Social Policy & Administration, Vol. 35, No. 6, 2001.

70. John B. Andrews, "Social Insurance", Annals of the American Academy of Political and Social Science, Vol. 69, The Present Labor Situation.

Compulsory Investigation and Arbitration, 1917.

71. John B. Williamson, "Assessing the pension reform potential of a notional defined contribution pillar", International Social Security Review, Vol. 57, 1/2004.

72. John B. Williamson, Matthew Williams, "Notional Defined Contribution Accounts--- Neo-liberal Ideology and the Political Economy of Pension Reform", The American Journal of Economics and Sociology, Vol. 64, No. 2, 2005.

73. John J. Corson, "Social Insurance: Its Nature and Characteristics as Exemplified by the Old Age and Survivors Insurance System", Social Service Review, Vol. 16, No. 3, 1942.

74. John Laitner, "Household bequest behavior and the national distribution of wealth", Review of Economic Studies, Vol. 46, Issue 3, 1979.

75. Jon Kvist, Bent Greve, "Has the Nordic Welfare Model Been Transformed?", Social Policy & Administration, Vol. 45, No. 2, 2011.

76. Kangas Olli, Palme Joakim, "Public and Private Pensions: The Scandinavian Countries in a Comparative Perspective", Institutet for Social Forsking, Stockholms Universitet, Meddelande 3, 1989.

77. Karen M. Anderson, "Pension Politics in Three Small States: Denmark, Sweden and the Netherlands", Canadian Journal of Sociology, Vol. 29, No. 2, Special Issue on Social Policy: Canadian and International Perspectives (spring, 2004).

78. Kari Salminent, Pension Schemes in the Making—A Comparative Study of the Scandinavian Countries, Helsinki: The Central Pension Security Institute. Salovaara, Heikki, 1957.

79. Kenneth Nelson, "Universalism versus targeting: The vulnerability of social insurance and means-tested minimum income protection in 18 countries, 1990-2002", International Social Security Review, Vol. 60, 2007.

80. Kyo-seong Kim, "Determinants of the Timing of Social Insurance Legislation among 18 OECD Countries", International Journal of Social Welfare, 10,

2-13, 2001.

81. Laitner John, "Household bequest behavior and the national distribution of wealth", Review of Economic Studies, 46, 1979.

82. Laura Thompson, "Pension Reform, Political Pressure and Public Choice— the case of France", Economic Affairs, Volume 28, Issue 4, 2008.

83. Laurence J. Kotlikoff, "Simulating the Privatization of Social Security in General Equilibrium", NBER Working Papers 5776, National Bureau of Economic Research, Inc, 1996.

84. Lyle Scruggs, "The Generosity of Social Insurance, 1971-2002", Oxford Review of Economic Policy, Vol. 22, No. 3, 2006.

85. Manos Matsaganis, "Union Structures and Pension Outcomes in Greece", British Journal of Industrial Relations, 45: 3, Sep. 2007.

86. María del Carmen Boado-Penas, Inmaculada Domínguez-Fabiá, Carlos Vidal-Meliá, "Notional defined contributions (NDC): Solvency and risk in Spain", International Social Security Review, Vol. 60, 2007. 4.

87. Marina Angelaki, "Pension reform patterns in Southern Europe: The cases of Greece and Italy", Paper contributed to the 6th Annual ESPANET Conference "Cross Border Influences in Social Policy", Helsinki, Finland, Sep. 2008.

88. Markowski A., Palmer E., "Social Security and Retirement Around the World", National Bureau of Economic Research Conference Report, University of Chicago Press, Chicago and London.

89. Mary Sydney Branch, "Financing Public Assistance and Social Insurance I", Social Service Review, Vol. 21, No. 4, 1947.

90. Mary Sydney Branch, "Financing Public Assistance and Social Insurance II", Social Service Review, Vol. 22, No. 1, 1948.

91. Michael Cichon, "Notional Defined-contribution Schemes: Old Wine in new bottles?", International Social Security Review, Vol. 52, 1999. 4.

92. Mitchell Olivia S., Zeldes Stephen P., "Social Security Privatization", American Economic Review, 86 (2), pp. 363-367, 1996.

93. Nielsen, Fritz von Nordheim, "The Danish Pension System. Individual Responsibility and Social Solidarity in Productive Balance", Contribution to the conference Pension Systems and their changes in the EU & Slovenia on the eve of the 21st Century, Ljubljana, Slovenia, 14-15, Sep. 1998.

94. O ECD, "Economic Outlook", Paris, 2001.

95. OECD, "Pensions at a Glance: Public Policies across over OECD Countries", OECD Publishing, 2005.

96. OECD, "Pensions at a Glance: Public Policies across over OECD Countries", OECD Publishing, 2007.

97. OECD, "Pensions at a Glance 2009: Retirement-Income Systems in OECD Countries", OECD Publishing, 2009.

98. OECD, "Pensions at a Glance 2011: Retirement-income Systems in OECD and G20 Countries", OECD Publishing, 2011.

99. OECD, "Private Pensions Outlook 2008", OECD, 2009.

100. OECD, "Factbook 2011 - 2012: Economic, Environmental and Social Statistics", OECD Publishing, 2011.

101. OECD, "Factbook 2013: Economic, Environmental and Social Statistics", OECD Publishing, 2013.

102. OECD, "Private Pensions Outlook 2008", OECD Publishing, 2009.

103. Owen O'Donnell, Platon Tinios, "The Politics of Pension Reform: Lessons from Public Attitudes in Greece", Political Studies, Vol 51, 2003.

104. Oxford Analytica, "Greece Bites the Bullet on Pension Reform", http://www.forbes.com/2010/07/14/greece-civil-service-reform-business-oxford-analytica_2.html.

105. Paul Johnson, "Fiscal Implications of Population Ageing", Philosophical Transactions: Biological Sciences, Vol. 352, No. 1363, Ageing: Science, Medicine, and Socicty, 1997.

106. Peter Abrahamson, Cecilie Wehner, "Pension Reforms in Denmark", Department of Sociology University of Copenbagen, Sep. 2003.

107. Peter Taylor-Gooby, "UK pension reform: A test case for a liberal welfare

state", in Giuliano Bonoli, Toshimitsu Shinkawa eds, "*Ageing and Pension Reform Around the World*: *Evidence from Eleven Countries*", Edward Elgar Publishing, Inc. , 2005.

108. Paul Johnson, "Self-help versus State Help: Old Age Pensions and Personal Savings in Great Braitain, 1906 – 1937", Explorations in Economic History, 1984, No. 21, p. 341.

109. Peter Flora, Franz Kraus, Winifred Pfenning, "State, economy, and society in Western Europe 1815 – 1975 : a data handbook vol. 2", The Growth of industrial societies and capitalist economies, Frankfurt : Campus ; London : Macmillan ; Chicago : St. James Press, 1987.

110. Phil Agulnik, Roberto Cardarelli, James Sefton, "The Pensions Green Paper: A Generational Accounting Perspective", The Economic Journal, Vol. 110, No. 467, 2000.

111. Platon Tinios, "Vacillations around a Pension Reform Trajectory: time for a change?" Hellenic Observatory papers on Greece and Southeast Europe", Greece paper no. 34. The Hellenic Observatory, London School of Economics and Political Science, London, UK, http: // eprints. lse. ac. uk/27674/1/GreeSE_ No34_ %28LSERO%29. pdf. ,

112. Porta P. , P. Saraceno, "The mandatory pension system in Italy: Country report of the Phare–Ace", Research project P95–2139–R. Contributi di Ricerca IRS No. 37.

113. R. Clyde White, "The Social Insurance Movement", Journal of the American Statistical Association, Vol. 38, No. 233, 1943.

114. Reinhard A. Hohaus, "Actuarial Problems in Social Insurance", Journal of the American Statistical Association, Vol. 35, No. 209, Part 1, 1940.

115. Richard Disney, "Notional Accounts as a Pension Reform Strategy: An Evaluation ", Social Protection Discussion Paper Series, World Bank, 1999.

116. Richard Disney, "Crises in Public Pension Programmes in OECD: What are the Reform Options?", The Economic Journal, Vol. 110, No.

461, 2000.

117. Robert Holzmann, "Fiscal Alternatives of Moving from Unfunded to Funded Pensions", OECD working paper, No. 126, 1997.

118. Robert Holzmann, "The World Bank Approach to Pension Reform", International Social Security Review, Vol. 53, 1, barr2000.

119. Robert J. Palacios, "Averting the Old – Age Crisis: Technical Annex", World Bank, policy research working paper 1572, 1994, p. 122.

120. Robert M. Woodbury, "Social Insurance, Old Age Pensions and Poor Relief", The Quarterly Journal of Economics, Vol. 30, No. 1, 1915.

121. Salvador Valdes – Prieto, "The Financial Stability of Notional Account Pensions", The Scandinavian Journal of Economics, 102 (3), 2000.

122. Samuelson A. Paul, The Pure Theory of Public Expenditure, The Review of Economics and Statistics, Vol. 36, No. 4. , 1954.

123. Samuelson A. Paul, "An Exact Consumption—Loan Model of Interest With or Without the Social Contrivance of Money", The Journal of Political Economy, Vol. 66, No. 6, 1958.

124. Scott Moody, "Per Capita versus Per Household Personal Income Part Deux", in *Tax & Spend*, Nov. 8, 2010. http: //www. mainefreedomforum. com/per-capita-versus-per-household-personal-income-part-deux/, PM 15: 22, dec. 2012.

125. S. J. Mushkin, Anne de Scitovzky, "A Formula for Social Insurance Financing", The American Economic Review, Vol. 35, No. 4, Sep. 1945.

126. SSA, Social Security Programs throughout the World: Africa, 2007, SSA Publication No. 13-11803, 2007.

127. SSA, Social Security Programs throughout the World: Americas, 2007, SSA Publication No. 13-11804, 2008.

128. SSA, Social Security Programs throughout the World: Asia and the Pacific, 2006, SSA Publication No. 13-11802, 2007.

129. SSA, Social Security Programs throughout the World: Europe, 2006, SSA

Publication No. 13-11801, 2006.

130. Stahlberg Ann-Charlotte, "The ATP system viewed in a redistributional perspective", In Sweden's Official Publications 1990, No. 78. Allman Pension, Expertrapporter, Stockholm: Allmanna forlaget, 1990.

131. Tommy Bengtsson, "Population, Economy and Welfare State", Berlin, 1994.

132. Tobern Iversen, Thomas R. Cusack, "The Causes of Welfare State Expansion", World Politics 52, 2000.

133. Torben M. Andersen, Robert R. Dogonowski, "Social Insurance and the Public Budget", Economica 69, 2002.

134. Ulrich Bauriedl, "100 years of German Social Insurance—Looking back on a century of self-managed social security".

135. UN, "World Population Prospects, the 2010 Revision", http://esa. un. org/unpd/wpp/index. htm.

136. Whitehouse, E. R. , "Decomposing Notional Defined - Contribution Pensions: Experience of OECD Countries' Reforms", OECD Social, Employment and Migration Working Papers, No. 109, OECD Publishing, 2010.

137. W. J. Mommsen, "The Emergence of the Welfare State in Britain and Germany", London, 1981.

138. W. Rulon Williamson, "Social Insurance", Journal of the American Association of University Teachers of Insurance, Vol. 17, No. 1, Proceedings of the Fourteenth Annual Meeting, 1950.

139. Wonik Kim, "Social Insurance Expansion and Political Regime Dynamics in Europe, 1880 - 1945", Social Science Quarterly, Volume 88. No. 2, 2007.

140. World Bank, Averting the old age crisis: Policies to protect the old and promote growth, Oxford, 1994.

图书在版编目（CIP）数据

我国基本养老保险制度与财政关系研究 / 于环著 .
北京：社会科学文献出版社，2024.7（2025.1 重印）. --ISBN 978-7
-5228-3767-3

Ⅰ . F842.612；F812

中国国家版本馆 CIP 数据核字第 2024KF7310 号

我国基本养老保险制度与财政关系研究

著　　者 / 于　环

出 版 人 / 冀祥德
组稿编辑 / 任文武
责任编辑 / 王玉山
责任印制 / 王京美

出　　版 / 社会科学文献出版社·生态文明分社（010）59367143
　　　　　地址：北京市北三环中路甲 29 号院华龙大厦　邮编：100029
　　　　　网址：www.ssap.com.cn
发　　行 / 社会科学文献出版社（010）59367028
印　　装 / 唐山玺诚印务有限公司

规　　格 / 开　本：787mm×1092mm　1/16
　　　　　印　张：13.25　字　数：210 千字
版　　次 / 2024 年 7 月第 1 版　2025 年 1 月第 2 次印刷
书　　号 / ISBN 978-7-5228-3767-3
定　　价 / 98.00 元

读者服务电话：4008918866